わが夫 坂本龍馬

一坂太郎

青志社

おりょう聞書き

わが夫 坂本龍馬

おりょう聞書き

一坂太郎

はじめに

強烈な個性を放ちながら、坂本龍馬は幕末という動乱の時代を疾走した。

龍馬の名は後年、多くの関係者の回顧録の中に登場する。天衣無縫、新し物好き、あるいは恐ろしげな雰囲気だったとか、その印象は人さまざまだが、とにかく忘れ難い男だったことは確かのようだ。

なかでも妻おりょう（お龍）が回顧する龍馬は、最も等身大に近いように私には思える。大体、幕末の「志士」と称する若者たちは、自分の政治運動の中に妻や恋人を連れ込もうとはしなかった。ところが龍馬は、そのへんの節操がなかったのか、おりょうの談話の中には西郷隆盛や中岡慎太郎といった同志の名が頻出する。

もっともおりょうは、その政治的意義をどれほど理解していたかは別としても「男」の場所に出ることを厭《いと》わない女性だった。また、龍馬もそうした女性が好みだったようだ。

龍馬は故郷土佐の姉お乙女《とめ》にあてた手紙の中でおりょうを「まことにおもしろき女」とし、紹介する。しかし、龍馬の同志の中には反感を抱く者もいた。土佐藩士佐々木高行などはおりょうの印象を日記に「有名なる美人の事なれども、賢婦人や否かは知らず」と記す。

私がおりょうの回顧談に出会ったのは四半世紀前のこと。龍馬生誕百五十年記念の雑誌『別冊歴史読本』に再録された、安岡重雄（秀峰）が聴取した「反魂香《はんごんこう》」を読んだのが最初だ。その後、川田瑞穂《みずほ》（雪原）が聴取した「千里駒後日譚《せんりのこまごじつのはなし》」が『坂本龍馬全集』に収められているのを知り、こちらも読んだ。

いずれも最愛の妻の回顧談なのだから、面白くないはずがないのだが、龍馬の知名度に比べて広く読まれているとは言い難い。それは、現代人からすると決して読みやすい史料ではないというのも一因だろう。語られている出来事の順序はばらばらだし、ある程度背景を理解していないと、唐突すぎる話題も少なくない。原則として改行も無いから、どうも読み難くて仕方ない。

そこで、安岡・川田がおりょうから聴取した回顧談を一度解体し、解説や注を加えながら、出来るだけ読みやすくしようと考え整理し直してみた。それが本書である。手を加えたのは主に以下の点だ。本書により、日本近代化の発火点を精一杯生きた、有名無名の人々の思いが少しでも伝われば幸いである。

一、本書はおりょうの回顧録である安岡重雄「反魂香」「続反魂香」「維新の残夢」、川田瑞穂「千里駒後日譚」「千里の駒後日譚拾遺《しゅうい》」を再編集し、解説、注記を加えたものである。安岡・川田が聴取した二つの回顧談の重複部分は、詳細な方を残して片方を割愛した。

一、「反魂香」「続反魂香」「維新の残夢」は『別冊歴史読本・坂本龍馬の謎』（昭和六十年新人物往来社）、「千里駒後日譚」「千里の駒後日譚拾遺」は平尾道雄監修・宮地佐一郎編『坂本龍馬全集』（昭和五十三年　光風社書店）に収録されており、参考とした。

一、出典を各項の最後に略記した。「反魂香」は反、「続反魂香」は続反、「維新の残夢」は残夢、「千里駒後日譚」は後日譚、「千里の駒後日譚拾遺」は拾遺とし、その後の数字は連載回数である。

一、読みやすくするため改行したり、古い表記は現代表記とした部分もある。また原則として常用漢字で統一し、明らかな誤字・脱字は改めた。小見出しはもとのものを使ったものもあれば、便宜上取り替えたものもある。読み仮名も加えたところがある。

一、安岡の方は、たとえば「その時お良は」と三人称にして回顧談を進めるが、本書では「その時私は」といった具合に、おりょう自身の一人称の語りに改めた。またそのため文体も若干変えたりしたが、話の本旨は変えていない。あるいは安岡の方は大抵登場人物の尊称が省かれているが、川田の方を参考にしながら適当に加えた。

一、正しくは「りょう（龍）」であり、表記は「お良」「お龍」とあるが、回顧談中は原則として「おりょう」で統一した。

一、龍馬の姉乙女の読み方について。「とめ」に尊称の「お」を付けて「おとめ」と読み「乙女」の漢字を当てたと思われるが、「千里の駒後日譚拾遺」には「お乙女《とめ》」と表記されているため、原則としてこれに従った。

一、元号は原則としてその年の途中で改元されているとしても、一月一日から改めた。たとえば「慶応四年」が「明治」と改元されるのは九月八日なのだが、本書では一月一日から「明治元年」とした。

一、原則として明治元年からは「大阪」、それ以前は「大坂」とした。

一、解説、注を書くにあたり、日本歴史学会編『明治維新人物辞典』（昭和五十六年）、新人物往来社編・刊『坂本龍馬大事典』（平成七年）などの参考文献を用いた。

わが夫 坂本龍馬

おりょう聞書き

目次

おりょうの回顧録について

坂本龍馬が京都河原町（現在の京都市中京区）の近江屋に潜伏中、刺客に襲われて横死したのは慶応三年（一八六七）十一月十五日夜のことである。十二月九日には王政復古の大号令が発せられ、翌年九月には明治と改元されたから、まさに新時代を直前にしての死であった。

龍馬の名は維新後、しばらく忘れられていたようだ。しかし明治十六年（一八八三）に坂崎紫瀾《さかざきしらん》著『汗血千里駒《かんけつせんりのこま》』（講談）、明治二十九年に弘松宣枝《ひろまつのぶえ》著『阪本龍馬』（評伝）といった龍馬伝が世に出、広く読まれるや一躍知られるようになる。

ただし、これらの伝記に、龍馬の妻おりょうは満足していたわけではなかった。いずれも、おりょうへの直接取材は行われておらず、配偶者としてプライドを傷つけられたのかも知れない。おりょうは、自分が認めない龍馬像が普及してゆくことに苛立ちを覚える。

◉終焉地近くに建つおりょう胸像（横須賀市）

龍馬没後、おりょうは土佐、京都を経て、明治六年十月ころ、東京へ向かった。神奈川の料亭で仲居として働いたりしたが、明治八年、西村松兵衛と再婚して西村ツルと名を変え、神奈川県三浦郡豊島村字深田（現在の横須賀市）にあった場末の長屋に住んだ。おりょう三十五歳、松兵衛三十歳。松兵衛は以前は商売で成功し、羽振りも良かったという。しかしそのころは「ドッコイ、ドッコイ」と呼ばれる、テキ屋に類する大道芸人に落ちぶれていた。

横須賀に住む若い郵便局員が、酒を片手におりょうのもとを訪ねて来るようになったのは、明治三十年晩春のことである。彼の名は安岡重雄（秀峰）という。龍馬が隊長を務めた海援隊の隊士安岡金馬《かねま》の三男で、おりょうとは遠縁関係にあった（金馬の兄嫁が、おりょうの妹君江の夫菅野覚兵衛《かくべえ》の妹）。後年、安岡はおりょうに会った時の印象を、次のように述べている。

「その時、お良さんは五十七歳、多少、頭髪に白髪は交って居たが、濃艶なお婆さんだった。丸顔で、愛嬌があって、魅力に富んだ涼しい瞳の持主であったことを、私は今でも覚えて居る」(「阪本龍馬の未亡人」『実話雑誌』一ノ六、昭和六年)

おりょうは安岡に三十余年前の幕末、龍馬と過ごした思い出を語る。その聞書きを安岡は明治三十二年二月から翌三十三年七月にかけ、前後十四回にわたり青年向け雑誌『文庫』に「反魂香」全六回、「続反魂香」全五回、「維新の残夢」全三回として連載する。執筆の動機は、「汗血千里駒」の誤りを訂正するためだと、安岡は述べている。それなりの反響もあったようで、安岡はおりょうと相談し、単行本にまとめて出版する意図があったというが(「維新の残夢」第一回)、実現しなかった。反魂香とは漢の武帝が李夫人の没後、香を焚いて彼女の面影を偲んだという故事による。

おりょうのまとまった回顧談は、もう一種存在する。明治三十二年十一月、高知の地元紙『土陽新聞』に掲載された「千里駒後日譚」六回、「千里の駒後日譚拾遺」三回がそれだ。書きとめたのは川田瑞穂《みずほ》(雪山)という、高知から上京して漢学を学んでいた若者である。時期的に見て、安岡の「反魂香」に刺激されたのかも知れない。のちに川田は文部省の維新史編纂事業にもかかわり、内閣顧問、早稲田大学教授などの要職を歴任。特に終戦の詔勅《しょうちょく》の起草者のひとりとして知られる。

　これらの中で語られる龍馬は、三十余年という歳月を経てなお、おりょうの記憶に生きていた龍馬である。だから他者の回顧録同様、おりょうにとっては「真実」であっても、「史実」とは言い難い部分もいくつかある。その点を考慮して読み進める必要があるのだが、少なくとも当時主流だった「王政復古史観」の上で龍馬の「偉業」を語ろうとする意図は感じられない。最も等身大に近い龍馬だと、私が考えるゆえんである。龍馬とは「こんな人」だったのだろう。

　おりょうが龍馬の思い出を語ってから数年後の明治三十七年二月、日露開戦直前、昭憲《しょうけん》皇太后《こうたいごう》（明治天皇皇后）の夢枕に龍馬が立ったとの発表があり、龍馬ブームが起こった。夢の中の龍馬は、自分の魂は海軍に宿り、日本軍人を見守っていると激励したという。かつて海援隊を率いた龍馬は、大日本帝国海軍のシンボルとして祭り上げられ、顕彰されてゆく。龍馬をめぐるこのような世間の騒ぎを、おりょうがどのように眺めていたのかは定かではない。

　おりょうこと西村ツルが、横須賀の長屋で没したのは明治三十九年一月十五日のことだ。六十六歳。大正三年（一九一四）八月、夫の松兵衛、妹中沢光枝らにより、横須賀の信《しん》楽寺《ぎょうじ》（浄土宗）に「贈正四位阪本龍馬之妻龍子之墓」と刻む立派な墓碑が建立された。建墓には政治家で宮内大臣などを務めた田中光顕《みつあき》（土佐出身）や海軍も関係していたという。おそらく龍馬が政治的思惑も多分に絡みながら英雄視され、偶像化されたため、「松兵衛の妻」では都合が悪くなってしまったのだろう。龍馬の名を刻んだ妻の墓を建てねばならなかった松兵衛の心情もまた、察すると哀れでならない。

装丁・本文デザイン　岩瀬聡

第一章　龍馬のおもかげ

❖この章の解説❖

四国の土佐藩（山内《やまうち》家二十四万石）の高知城下は、城を中心に上士の住む郭中《かくちゅう》と、郷士《ごうし》や足軽などが多く住む上町・下町に分かれていた。

坂本龍馬は郷士坂本八平の次男として、天保六年（一八三五）、上町に生まれている。生家の敷地は広く、母屋の他に離れ座敷や土蔵も数棟並んでいたという。

坂本家の本家は、城下屈指の豪商だった才谷屋《さいたにや》である。明和年間（一七六四〜七二）、その強大な経済力を背景に郷士の身分を手に入れた。このため、「町人郷士」と蔑《さげす》まれたりしたが、武家にはない自由な家風があったらしい。末っ子の龍馬には二十一年も年が離れた兄の権平《ごんぺい》と、千鶴《ちづる》・栄《えい》・乙女《とめ》という三人の姉がいた。

龍馬は十二歳の時、近所の寺子屋楠山塾に入る。しかし物覚えが悪く、ついには上士の子と喧嘩して退塾させられるという騒ぎを起こす。

同年、龍馬は母を亡くしている。個性を個性として受け入れてもらえない人間関係に悩み、寝小便も治らなかったという。

「世の人はわれをなにともいはゞいへわがなすことはわれのみぞしる」

と、後年その苦しく悲しい胸中を詠んでいる。

そんな龍馬を変えたのは、剣術だった。日根野弁治《ひねのべんじ》が構える道場に通いはじめるや、みるみるうちに腕を上げたのである。嘉永六年（一八五三）三月、十九歳の時には「小栗流和兵法事目録」（初伝）を授けられた。自信をつけた龍馬は、さらなる修行のため江戸へ旅立つ。郷士の次男坊の龍馬は一芸に秀でるか、良い養子先を見つけなければ、一生部屋住みの身なのである。

龍馬の風貌につき、兄が近所に住む龍馬と親しかったという安田たまき（昭和三年［一九二八］当時八十五歳）の、次のような談話が藤本尚則『青年坂本龍馬の偉業』（昭和三十二年）に紹介されている。

「龍馬さんは、六尺豊かの大男で、優男《やさおとこ》のように世上には伝えられていますが、背丈は中位で、色も黒く、決してトント（土佐で美少年の方言）の方ではありませんでした。

髪は当時の若い侍の間に流行していた結い方とは違って、たしか総髪で、それが烈しい撃剣修行のため、縮れ上がっていました。刀はいつも短いのを、落し差しにしていまして、一寸見《ちょっとみ》には、差しているやら、いないやら判らぬ位で、肩も撫で肩で、左肩が少し上がっていました。

当時の若侍の気風とは、何処か違う所があって、エラがらず、威張らず、温和《おとな》しい人で、それでいて見識の高い人でした」

他の証言も併せて考えると、龍馬の身長は大体一七五から一八〇センチくらい。当時の男子の平均身長はおそらく一五〇センチ台だろうから、龍馬はずばぬけて長身だったことになる。しかも剣術修行で鍛えた筋肉は隆々としていた。

龍馬は妙な男

龍馬はそれはそれは妙な男でして、まるで他人《ひと》さんとは一風違っていたのです。

少しでも間違った事はどこまでも本《もと》を糺《ただ》さねば承知せず、明白に謝りさえすればただちにゆるしてくれまして、「この後はかくかくせねばならぬぞ」と、丁寧に教えてくれました。

衣物《きもの》などもあまり綺麗にすると機嫌《きげん》が悪いので、自分も垢《あか》づいた物ばかり着ておりました。一日、縦縞《たてしま》の単物《ひとえもの》を着て出て、戻りには白飛白《しろかすり》の立派なのを着て来ましたから、

「だれの」

と問うたら、

「俺の単物を誰か取って行ったから、俺は西郷*1からこの衣物を貰って来た」

と言いました。

長崎の小曾根*2で一日、宿の主人らと花見に行く時、お内儀《かみ》さんが、

「今日は美《よ》いのを御召しなさい」

と言ったけれど、私は平生着《ふだんぎ》の次のを着て行きましたが、龍馬が後で聞いて「よかった、よかった」と言って喜びました。

「十人行けば、十人の中でどこの誰やら分からぬようにしておれ」

と、つねに私に言い聞かせ、

「人に軽蔑される」

と言えば、

「それが面白いじゃないか」

と言っておりました。

（後日譚4）

＊1　●西郷吉之助（隆盛）は薩摩藩士。龍馬はその印象を「少しくたたけば少しく響き、大きく叩けば大きく響く。もしばかなら大きなばかで、利口なら大きな利口だろう」と述べたと伝えられる。討幕運動を推進し維新後は参議、陸軍大将となる。また、廃藩置県を推進した。しかし明治六年（一八七三）の征韓論をめぐる政争で敗れ、下野。明治十年二月、西南戦争を起こすも敗れ、同年九月二十四日、鹿児島城《しろ》

山《やま》で自刃。五十一歳。

*2 ●長崎の小曾根家は豪商で、幕末の当主乾堂は書家としても知られた。龍馬の後援者のひとり。

龍馬の顔

この顔（『阪本龍馬』の口絵）は、だいぶ似ています。

顔はも少し痩《や》せて、目は少し角が立っていました。眉の上には大きな疣《いぼ》があって、そのほかにも黒子《ほくろ》がポツポツあるので、写真は綺麗に撮《と》れんのですヨ。背には黒毛*3が一杯生えていまして、いつも石鹸で洗うのでした。

長州の伊藤助太夫《すけだゆう》*4の家内が、

「坂本さんは平生《ふだん》きたない風をしておって、顔つきも恐ろしいような人だったが、この間は顔も綺麗に肥《こ》え、大変立派になっていらっしゃった。きっと死に花が咲いたのでしょう。間もなく亡くなられた」

と言いました。これはのちの事です。

（後日譚3）

＊3　●懐妊中の母が胎内に雲竜《うんりゅう》奔馬《ほんま》が飛び込む夢を見たが、果たして生まれた龍馬の背中にも、はや毛が生えていたという。あるいは母が懐妊中も猫を可愛がり、抱いていたため、龍馬の背に怪毛が生えたとの伝説もある（平尾道雄『龍馬のすべて』昭和四十一年）

◉おりょうが似ていると言う坂本龍馬の肖像画
（弘松宣枝著『阪本龍馬』口絵より）

＊4　●伊藤助太夫（九三《くぞう》）は長州下関の大年寄《おおどしより》を務め、家は大名なども宿泊する本陣だった。慶応三年（一八六七）前半、龍馬はおりょうと伊藤家に居を構えていた。龍馬が最後に同家に立ち寄ったのは、暗殺される二カ月前の九月二十日から二十二日のことである。

生まれた日と諱

龍馬の生まれた日ですか。天保六年の十一月十五日で、ちょうど斬られた月日（慶応三年十一月十五日）といっしょだと聞いているのですが、書物には十月とあります。[*5] どちらが真《しん》だか分かりませぬ。

龍馬の名乗り（諱《いみな》）の直柔《なおなり》[*6] というのは後に換えた名で、初めは直陰《なおかげ》と言ったのです。伏見でいた時分に、直陰はいつまでも日陰者のようでいけないから直柔と換えると言って、換えました。

（後日譚6）

*5 ●龍馬の誕生日は現在では「十一月十五日」とする文献がほとんどだが、坂崎紫瀾『汗血千里駒』（明治十六年）や弘松宣枝『阪本龍馬』（明治二十九年）では十月十五日とする。また瑞山会《ずいざんかい》『維新土佐勤王史』（大正元年）では十一月十日になっている。

*6 ●直陰を直柔と改めたのは、現存する史料では慶応三年（一八六七）一月二十二日、

姉乙女あて書簡が最初とされる。

龍馬と漢詩

龍馬は詩は作らなかったのです*7。いつか京都の宿屋で主人が扇を出して詩を書いてくれと言うから、

「一首作って書いてやる」

と。側で見ていた薩摩の有馬彦十郎が、

「君の詩には韻字《いんじ》が無いぞ」

と言うから、

「ウム、詩《し》は志《し》を云う也《なり》というから、韻字なんか要らぬ」

と言うとまた、

「名前の下へ印を捺《つ》かねばいくまい」

と言うから、袂《たもと》の中から坂本と鐫《ほ》った見印《みとめ》を出して捺いてやったそうです。龍馬が笑って話しました。（拾遺2）

＊7 ●龍馬の同志だった田中光顕（土佐出身）は後年「龍馬という男は漢詩は作らなかったし、落款《らっかん》用の印なども用意していなかった。半折《はんせつ》ものなど見たら、頭から偽物と考えたらよろしい」（平尾道雄『明治維新と坂本龍馬』昭和六十年）と語ったという。しかしいまなお骨董市場《こっとうしじょう》では、見事な龍馬の漢詩書や戯画といった掛け軸をよく見かける。もちろんいずれも偽物である。

龍馬の酒量

龍馬の酒量は、量《はか》り兼《か》ねます。

慶応三年の春でした。同志の人々と京都から伏見へ帰って来る途中、

「どうだ、冷酒《ひや》を一杯ずつ呑《や》って行こう」

と、傍《かたわら》の居酒屋へ入り込んで、およそ一升五合も入ろうかと思うほどの大きな丼へ浪々《なみなみ》と酌《つ》がせ、

「さあこれをひと息に呑み乾《ほ》すのだ」

と言う。

「よかろう」

と、例の覚《かく》（海援隊士菅野覚兵衛《すがのかくべえ》）さん、まっ先に進み出て、先登第一、一番首をしてやろうと、両手振ってぐうと呑み始めましたが、この冷酒というものは一升程になるとひと息では呑めないそうで、さすがの覚さんも耐えられなくなって、ホッとひと息。丼を見ると未だ半分ばかり残っていますから、残り惜しそうに次へ廻すと、中岡慎太郎は七分迄、平安佐輔は八分迄。

ひとり龍馬はひと息に一升五合を呑み乾《ほ》して、息を吐く事虹の如しでした。


（残夢2）

私の名*8
私の名ですか。やっぱり龍馬の龍の字です。初めて逢った時分、

「お前の名のりょうはどういう字か」

と問いますから、かくかくと書いて見せると、

「それではおれの名といっしょだ」

と、笑っておりました。

＊8 ●「お良」と表記する文献もあるが、これによると「お龍」であることが分かる。そのおりょうは、寺田屋では「お春」と名乗った。また龍馬は「お鞆《とも》」と呼んでいたこともあった。

（後日譚4）

月琴

「一戦争済めば山中へ入って安楽に暮らすつもり。役人になるのは俺は否《いや》じゃ。退屈な時聞きたいから、月琴《げっきん》＊9でも習っておけ」

と、お師匠さんを探してくれましたので、私はしばらく稽古しましたが、

「あなたに聞いて頂くなら、も少し幼少《ちいさ》い時分から稽古しておけばよろしかった」

と、大笑いでした。

（後日譚4）

＊9 ●月琴は中国楽器で、江戸時代の長崎で流行した。慶応二年（一八六六）六月、薩摩

から海路、長州へ向かう龍馬におりょうも同行。途中「長崎へ月琴の稽古に行きたい」と、おりょうは船を下りている（慶応二年十二月四日、龍馬書簡、姉乙女あて）。

第二章　龍馬との出会い

❖この章の解説❖

ヨーロッパで起こった産業革命の波はアジア各地に押し寄せた。日本も嘉永六年（一八五三）六月、アメリカの黒船来航以来、開国か攘夷かで騒然となる。孝明《こうめい》天皇は開国に反対し、開国した幕府との間に溝を深めた。江戸で黒船騒動を体験した龍馬も時勢に衝き動かされ、文久元年（一八六一）九月、土佐勤王党に加盟する。しかし首領の武市半平太《たけちはんぺいた》が唱える「挙藩勤王」に飽き足らず、文久二年三月、土佐を脱藩した。

それからの龍馬がユニークなのは、幕臣で軍艦奉行並（のち奉行）の勝海舟《かつかいしゅう》に入門し、海軍（航海術）を学んだことだ。勝は万延元年（一八六〇）には咸臨丸《かんりんまる》を操り、太平洋を横断してアメリカに渡り、西洋事情に通じていた。また、日本・朝鮮・中国で東洋の連合艦隊をつくり、欧米列強の東アジアへの侵略を防ぐという壮大な構想を抱いていた。

このため勝は将軍徳川家茂《いえもち》の理解を得、神戸に海軍操練所を設けて、人材育成に乗り出す。勝の尽力で脱藩罪を赦された龍馬はその庇護を受け、右腕となり奔走した。姉乙女あて書簡（文久三年三月二十日）に、

「今にては日本第一の人物勝麟太郎《りんたろう》殿という人にでし（弟子）になり、日々兼ねて思い付き所をせい（精）といたしおり申し候」

と、得意げに知らせている。龍馬の他に近藤長次郎・高松太郎・望月亀弥太《もちづきかめやた》・新宮馬之助《しんぐううまのすけ》・千屋《ちや》寅之助（菅野覚兵衛）・中島作太郎（信行）などの土佐人が、勝の門をくぐった。その中には「人斬り」と恐れられた岡田以蔵《いぞう》も、一時いた。彼らは官立の操練所ではなく、勝が神戸の屋敷に設けた私塾で学んだ。若者たちにとり、巨大な西洋艦を操ることは、イデオロギーを超えた魅力があったのだろう。

文久三年八月十八日、薩摩・会津藩が朝廷関係者と結び付き、御所内で政変を起こす。それまで天皇の権威を盾にして、幕府を追いつめていた長州藩などの過激な尊攘（尊王攘

夷）派が政局から一掃されるや、土佐では勤王党弾圧が始まった。勝の門下からも、尊攘派の失地回復運動に身を投じる者がいた。彼らの隠れ家は京都東山の大仏で知られる方広寺の近所であった。京都の旅館に奉公していたおりょうが龍馬と出会い、結ばれたのはこのころである。

元治元年（一八六四）七月、京都に攻めのぼった長州藩は「禁門の変」（蛤《はまぐり》御門《ごもん》の変）を起こすも敗走し、朝敵となる。

勝は江戸へ召喚されて奉行職を免ぜられ、神戸の海軍操練所は閉鎖されてしまう。敗れた長州軍の中に門下生がいたことも、勝の幕府内での立場を悪化させた。行き場を失った龍馬は再び脱藩の身となり、同志と共に薩摩藩の庇護を受けることになる。文久三年に鹿児島でイギリス海軍と戦った薩摩藩にとり、海軍力強化は大きな課題だった。

おりょうの語り

一力の豪遊

私がまだ、扇岩（京都七条新地の旅宿）にいた時分の事です。龍馬が江戸の勝安房《あわ》（海

舟）を訪問*1するについて、

「長《なが》の道中、いつまた逢うやら逢わぬやらと洒落《しゃれ》てもいられまい。どうだ、お別れに一杯やろうじゃないか」

と、言い出したので、酒と聞いては目の無い菅野覚兵衛*2さん、いの一番に賛成すると、我もと望月亀弥太*3さんが早や支度に取りかかって、ありし荒武士の姿はどこへやら、縞《しま》の単衣《ひとえ》に紺の前垂れ、顔は恐ろしいが姿は優しい手代風《てだいふう》ですから、こりゃ面白い。

「それじゃ、各々《おのおの》姿を変えよう」

と、龍馬は易者、菅野さんは大家《おおだな》の番頭風、私は白面緑髪の若衆姿になり、こっそりと祇園の一力《いちりき》*4へあがりました。

お定まりの仲居《なかい》が出て挨拶をする、料理の注文を聞く、惣花《そうばな》をまく、酒が出る、肴《さかな》を運ぶ、盃を飛ばす、箸をひねる、やがては大きい白首と小さい白首とが唄い出す、躍りだす。覚さんの隠し芸、亀さんの追分節《おいわけぶし》、瀧さんまでが胴魔声《どうまごえ》を張り上げて、お前百までわしゃ九十九まで、共に天下の……と浮かれ出す大乱痴気《らんちき》。私はどこまでも男の風姿をしていました。

とも知らず、下には新選組の者らが、あまり騒がしいものですから、もしやという懸念

でずかずかと店先へ来たり、主婦《おかみ》を捉《とら》えて、

「こらおい、どうしたんだ。二階が騒がしいじゃないか。ありゃ何者だ」

と、頭から怒鳴りつけました。

ところがこの家の主婦というのは、ひと通りやふた通りで食える女じゃないので、もともと龍馬や菅野さんなんぞは知り合いの、かつ勤王家という事も知っていますから、平気な顔で、

「ありゃあなた、五条の薬屋さんですよ。怪しい者じゃありません。手前どもは失礼ながら臭い客をあげるような料理屋じゃありませんよ。嘘と思し召すならば、あがってみてご覧なさい。ご遠慮なく」

　と、すましたもので、吸いつけの煙草の煙を、ぷうッと輪に吹く面《つら》

◉龍馬らが遊んだ祇園一力茶屋（京都市東山区）

魂《だましい》。

新選組の奴ら、ついに巻かれてしまったとみえて、別にあがって咎《とが》めもせず、そのまま残り惜しそうに二階を睨みあげて、さっさと立ち去りました。

（残夢1）

＊1●龍馬が京都を発ち江戸へ向かったのは元治元年（一八六四）六月二日のこと。

＊2●菅野覚兵衛（千家寅之助）は土佐の人。土佐勤王党に加わり、のち龍馬らと共に神戸で勝海舟に海軍を学ぶ。亀山社中《かめやましゃちゅう》、海援隊に参加し、維新後はアメリカ留学後に海軍に入る。明治二十六年（一八九三）五月三十日、五十二歳で没。妻はおりょうの妹君江（起美）。

＊3●望月亀弥太は土佐の人。勝海舟の門で海軍を学ぶ。元治元年（一八六四）六月五日、池田屋事件のさい自刃。二十七歳。

＊4●一力は花見小路の四条通りかど、お茶屋「万屋《よろずや》」のこと。『忠臣蔵』の大石内蔵助《くらのすけ》が遊んだと伝えられる。

夜鳴き蕎麦

やがて主婦が二階へ上がって来て、龍馬を襖《ふすま》の蔭へ呼び出し、ただいまこれこれでした、と話しましたので、龍馬も底気味悪く思い、

「彼らは執念深いやつばかりだから、今は立ち去っても、きっと様子を窺っているに相違ない。長居は無用、跡を頼む」

と、四人はそうそう裏口から往来へ出ましたが、ちょうど木屋町《きやまち》の手前まで来ると、向うから夜鳴き蕎麦《そば》がきましたので、

「ここまで来れば大丈夫だろう。寒いから一杯食って行こう」

と呼び止めて、食い始めました。

すると蕎麦屋め、何を思ったたか、四人の姿をじっと見つめておりますから、お互いに戒め合って油断せず、口を動かしながら、ふと蕎麦屋の懐を見ると、十手の房が二寸ばかり出ています。

（さては此奴《こやつ》が）と心でうなずいて、銭を払うが否や物をも言わず、傍に寄るとみる刹那、ズドンと一発、鍛え上げた鉄拳で横腹の三枚目を力に任せて突き上げましたのですから、不意を食った蕎麦屋は、「うむッ」とひと声。大地に鞺《どう》と打ち倒れる奴を見向きもせず、

四人は駈足《かけあし》で逃げ出しました。
ところが、ところが、いかがしたのか、四人ともちりぢりばらばらで、私はひとり木屋町の外れまできますと、どこともなく、「もしもし」と呼ぶ声が聞こえました。

（残夢1）

もしもし屋

はてな、と立ち止まって四方を見廻しましたが、別に人のいる様子もなし。不思議に思いながらまた歩み出すと、「もしもし、ちょっと」とまた呼び止めましたので、思わず声のする方を見返りますと、右手の「もしもし屋」の窓から、女が手招きしていました。

このもしもし屋というのは、いまで言えば遊女屋のようなもので、二間の間口に、一尺四方くらいな窓が開けてあって、遊君は後にも先にもたった一人。それが窓の内に坐っていて、前を通る者を呼び止めては、はかなき夢の手枕に、しばしの情を売るのです。

私はそれと気づいて、内心おかしく思いながら、一番担《かつ》いでやろうと、そのまま相談を決めて、奥へ入り酒肴を取り寄せて呑み始めました。

遊女は流れ身の初会から憎からず思いはじめて、待遇振りの大方ならずでした。酒も尽

き、肴も食いちらして、いざお床という段になると、私は突然立ち上がって、

「俺は帰る」

と、襖へ手をかけましたから、いや遊君驚くまい事か、顔を真っ赤にして慄《ふる》え声で、後ろからまとわりついて、

「じょうだんじゃありません。あんまりです。それじゃお情けない。薄情というものです」

と、ぼろぼろ涙を溢《こぼ》す可愛さ。おかしいやら、可哀想やら、気の毒やらで、私は化けの皮を現し、

「姉さん堪忍してちょうだい、私しゃ女ですよ。悪い気で担いだんじゃないからね」

と何程かの鳥目《かね》を白紙に包んで投げ出しましたから、遊君は二度びっくり。まあ……と呆れて、開いた口が塞《ふさ》がらぬうちに、

「さようなら」

と、腹を抱えて大仏（浪人のアジト、後述）へ帰りました。


（残夢1）

浪人のアジト

大仏騒動[*5]は、元治元年六月五日の朝方に起こったのです。

そのはじまりを尋ねますと、かの大和の戦争（天誅組挙兵）に敗れました義兵が京都大仏南の門、今熊の道、河原屋五兵衛の隠居処を借りて、表札に「水口加藤の家人住所」と記して、しばらく世のありさまを窺っておりました。

その隠居処へ出入りする人の名をあげますと、才谷梅太郎（坂本龍馬）、中岡慎太郎（石川誠之助）、本山七郎（未詳）、松尾甲之進（望月亀弥太）、大里長次郎（貞吉）[*6]、菅野覚兵衛（千屋寅之助）、池内蔵太《くらた》（未詳）、平安佐輔（安岡忠綱）、山本甚馬（未詳）、吉井玄蕃、早瀬某等で、この時分には、まだ海援隊を編成しなかったのです。

会津の奴らは絶えず眼を八方に配って、浪人の詮議《せんぎ》がきびしいものですから、右の人々は安閑と大仏にいるわけにはゆきません。

で、ちょっと来てはすぐ処をかえてしまうので、隠居処は山本甚馬さんが年寄りですから台所を受け持っておりましたが、どうも男所帯は思うようにゆかず、かつ、山本さんとても安楽な身ではありませんから、時々家を明けるので、それでは誠に不都合だから、年寄りで、誰かひとり気の利いた女を留守居に頼みたいと、一同が思っておりました。

（反2）

＊5 ●大仏騒動とは、長州系の尊攘激派が弾圧された、いわゆる池田屋事件のこと。新選組の池田屋襲撃と共に、京都守護職による市中の浪人狩りも行われた。

＊6 ●大里長次郎は『汗血千里駒』では土佐の人、近藤長次郎と同一人物とする。

母が留守居に

ここに私の母お貞は夫に死に別れましたので、少しばかりの家財をまとめ、四条の裏通りに借家してわびしく暮らしておりました。

この母の知人で、その以前ひじょうに世話をしてやった、米一のお菊という後家がありました。この女はなかなかの腕達者で、夫の死後もやはりおおぜいの奉公人を使って、盛んに米商を営んでおります。で、お菊が大仏へ出入りしておるものですから、浪人の人々が、留守居の女を一人世話してくれぬかと頼みましたので、お菊はこの事を母に相談したのです。

母も楢崎将作（第十章に詳述あり）が妻、勤王の女丈夫ですから早速承知はしましたが、さて三人の子の始末をつけねばならぬので、長女の私はお菊の世話で七条新地の扇岩という旅宿へ手伝いかたがた預け、次男の大一郎は粟田の金蔵寺（親戚）へ預け、末女の君江を自分が連れて大仏へ引き移りました。

目あかしの娘

ここにまた、浪人の一人大里長次郎にひじょうに想《そう》を懸《か》けている千本《せんぼん》屋敷（西の奉行所）の目あかしの娘で、お妙という女がありました。

大里の顔が見たいばっかりにたびたび大仏へ出入りして、何くれとなく母に力を添えておりましたが、しかし親が目あかしでも、大仏の事は少しも言わず、かえって会津方の秘密を親から探っては浪人に密告していたので、大里もよき者を捕えたと喜んでおりました。（反2）

龍馬の妻に決まる

母が大仏へ引き移って坂本に面会した時に、一家の不幸や身の上話をしたものですから、坂本も気の毒に思って、それに私には一、二度会って、少しは心も動いたものですから、

「お前の娘を私にくれんか。さすれば、およばずながら力にもなってやろう」

との言葉に、母も娘には遅かれ早かれ夫を持たすゆえ、同じ夫を持たすくらいなら、坂本のような人をと母も喜びまして、私にこの事を話しますと、いやにはあらぬ稲舟《いなぶね》のと言うお定まりの文句で、ついに私は坂本の妻と定まりましたが、しかし大仏に置くわけにはゆきませんから、やはり扇岩へ預けて置かれました。

するとと元治元年六月一日の夕方、坂本が扇岩へきて私に会い、

「さて、私もこのたび江戸の勝（海舟）のもとへ行かねばならず、少し心急ぎの用事なれば、明朝出立するゆえ、留守中は万事に気をつけよ」

と、別れの盃を交え、翌朝、望月さん、大里さんの二人に送られて伏見で東西に別れました。

嗚呼《ああ》これが望月さんのためには最後の別れで、わずか三日のその間に、不帰の客となろうとは、噫《ああ》。


（反2）

◉京都・長州屋敷跡（京都市中京区）

望月亀弥太の死

坂本が二日の朝出立して、その他の浪人は昨日はどこ、今日はここと、時を定めず出没していて、五日の騒動[*7]のおりは、本山七郎[*8]さん、望月亀弥太さんの二人が三条の長門屋[*9]という長州宿にいましたので、他はみな近国または遠国へ行っておりました。

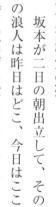

すると早朝、会津方がどこから探り出しましたのか、長門屋へ押し寄せてきた（但し一手は大仏へ、一手は大高某の家へ向いたり）ので、本山さんはその場で討ち死にし、望月さんは一方の血路を開いて土佐屋敷へ馳せ込みましたが、門が固く閉じていて、叩いても開けてくれず、会津方は押し迫って早や三間ばかりの所まで近づきました。

望月さんは入るには門を閉じてあるから入れず、後ろはすでに敵が迫ってくる。これはぐずぐずしておられぬと、また馳せ出して長州屋敷へきて見ると、門が開いております。やれ嬉しやと、飛び込もうとする一刹那、敵が突き出した手槍のために腰をしたたかに貫かれ、さすがの望月さんも思わずその場へ倒れましたが、もうこれまでと、持ったる刀を我と我が腹へ突き立てて、あわれ二十三歳*10を一期《いちご》として、悲憤の刃にたおれました。

（残夢1）

*7 ●池田屋事件のこと。おりょうは「大仏騒動」と呼ぶ。京都三条小橋の旅館池田屋に集まっていた尊攘激派を新選組が襲撃した。近藤勇《いさみ》の手紙によると七名即死、二十三名を捕縛したという。

*8 ●本山七郎（本名・北添佶磨《きたぞえきつま》）は土佐の人。文久三年（一八六三）脱藩し、蝦夷地（北海道）を視察した。蝦夷地開拓に熱心で、この計画には龍馬らも賛同していた。池田屋事件で闘死。三十歳。

*9 ●長門屋は池田屋の誤りだろうか。ただし、望月らが長門屋という宿に泊まっていた可能性も考えられる。

*10 ●望月の享年は二十三となっているが、二十七が正しい。

母が連れて行かれた

五日の朝、ふと目を醒《さ》ますと、あまり表が騒がしいので、何事が起こったのかと、衣服を更《あら》めて門口へ出る出合い頭に、お妙（目あかしの娘）が君江を連れてきたのに逢いました。どうしたのかと理由《わけ》をきくと、

「今朝、大仏へ会津の奴らが押し寄せてきて、家財道具はことごとく皆持ち出し、お母さんを縛って千本屋敷（西の奉行所）へつれて行きましたから、君江さんをあなたの所へ届けにきました」

との事に、私はびっくり。お妙と君江とをつれて大仏へきて見ますと、家中蹈《ふ》みあらして、槍をもって突きあらした跡ばかりで、さすがにただ呆然としておりますところへ、何も知らず大里さんが大仏へ帰ってきましたから、私は今日の仕末を手短に話し、

「さてお妙さん、大里さんがここにいては大事ですから、あなたが近路《ちかみち》を案内して伏見まで逃がしてください」

と言えばお妙は大喜び。しばしなりと恋しき大里さんの傍にいたき乙女心に先に立って、大里さんはそのまま伏見へ落ちゆきました。

（反2）

望月亀弥太の遺骸

私は母の事が気にかかり扇岩を飛び出して行ってみると、望月さんの死骸[*11]へは莚《むしろ》をきせてありました。

私は頭の髪か手足の指か、何かひとつ形見に切っておきたいと思いましたが、番人がいっぱいおって取れないのです。また晩方行ってみれば、死骸は早や長州屋敷へ引き取ったあとでした。

（後日譚1）

＊11　●池田屋事件の翌朝、検証の即死者と付近に倒れていた者と合せて九体の遺体（望月を含む）は四斗樽に詰められ、三条大橋東、縄手下ル三縁寺に葬られた。三縁寺は昭和五十四年（一九七九）、京都市左京区岩倉花園町に移転したが、そのさい墓も移され現在に至る。

戻って来た母

私は君江を河原屋の本家へ預け、自分は河原町の大高某*12の家へ馳せゆきました。この大高さんという人も勤王の一人で、身は具足師でありますから、家内に秘密室を設けてあって、三藩の浪人を潜《ひそ》ませていたのです。

来てみるとこの家へも早や押し寄せたとみえて、主の大高さんは斬り殺され、三人の子供は途方にくれて泣くばかり。おりふし妻が発狂して、笑うやら泣くやらのありさまで、私も思わず涙を流しましたが、ようやく心を取り直してまた大仏へ引き返しますと、嬉しや母が帰っていますので理由《わけ》を聞くと、何も知らぬ者とて放免せられたとの事に、ともに喜びましたが、さて、ここにいつまでもいるわけにはゆきませんから、ひとまず金蔵寺へ引き移りしました。（反2）

*12 ●大高忠兵衛は播磨《はりま》の人で、義兄又次郎（池田屋事件で闘死）と共に尊攘運動に奔走。革具足づくりの余技でも知られた。池田屋事件のさい捕えられ、同年（元治元年）七月四日、京都六角《ろっかく》牢で獄死。享年四十二。妻なかも捕えられ、同志との往復書簡

も没収されたという。

龍馬と内祝言

八月一日の夕方、坂本が帰ってきました。で、金蔵寺の住職智息院が仲人となって本堂で内祝言《ないしゅうげん》*13をして、初《はじ》めて新枕《にいまくら》幾千代までもと契《ちぎ》りました。

が、ここにうかうかしていて敵に覚《さと》られては、互いの身のためによくないというので種々相談の上、お貞は杉坂の尼寺へ、大一郎は金蔵寺へ、君江は神戸に滞在の勝*14へ、私は伏見の寺田屋へ、いずれも預けられてしまいました。

（反2）

*13 ●これによると龍馬とおりょうが結婚したのは、元治元年（一八六四）八月ということになる。一方、坂崎紫瀾『汗血千里駒』では二人の結婚は慶応二年（一八六六）一月の寺田屋遭難後、お登勢が媒酌《なこうど》役となり行われたとする。同書ではその後二人が薩摩へ旅したのを「ホネー、ムーム」（ハネムーン）となったとも述べる。鈴木

かほる『史料が語る　坂本龍馬の妻お龍』（平成十九年）によれば金蔵寺は門跡《もんぜき》として知られる青蓮院の塔頭《たっちゅう》で、維新後は尊勝院と合併し廃寺となった。場所は白川橋三条の四百メートル東、東山ユースホテルの裏手にあたる。おりょうの父楢崎将作は青蓮院宮の侍医で、仲人となった知（智）息院の知友でもあった。

＊14

●勝海舟の屋敷。現在の神戸市中央区三宮町一丁目あたりにあり、書生数十人が寄宿していたという。

第三章　寺田屋の思い出

❖この章の解説❖

伏見は京都・大坂を結ぶ水陸交通の要衝で、江戸時代、幕府はこの地を直轄とし、伏見奉行所を設けて統治していた。産業としては、江戸中期以降に興った酒造業があった。

また伏見には、船宿が十数軒並んでいたが、そのひとつが蓬莱橋《ほうらいばし》かたわらの寺田屋だ。初代が伏見の寺田村から出たので、その名があると言われている。薩摩藩の御用を務めていたが、ここで文久二年（一八六二）四月二十三日夜、いわゆる寺田屋事変が起こった。爆発寸前の薩摩藩士を、同志が上意討ちにしたという惨事である。

幕末の寺田屋の女将《おかみ》お登勢《とせ》は、十八歳で寺田屋伊助（六代目）に嫁いだ。遊び好きで病弱な夫に代わり、よく店を切り盛りする女傑として知られていた。

龍馬は慶応元年（一八六五）後半ころより薩摩屋敷を出て、伏見の寺田屋を定宿にした。それは薩摩藩の紹介があったからだ。

寺田屋は龍馬にとり、居心地のよい場所だったようだ。「お国にて安田順蔵さんのうち（長姉千鶴の婚家高松家）」のような所だと、故郷の家族に手紙で知らせている（慶応元年九月九日付）。

あるいは自分あての手紙や荷物は、「薩州様西郷伊三郎」とあて名書きして、寺田屋に送って欲しいとも伝えている（同前）。

さらに龍馬は、妻としたおりょうを寺田屋に預けた。

おりょうはお登勢に可愛がられる。

お登勢の息子で七代目寺田伊助によれば、龍馬らが泊まった寺田屋の建物は明治元年（一八六八）一月、鳥羽・伏見の戦いのさい焼失してしまった（宮地佐一郎『坂本龍馬全集』昭和五十三年）。現在、京都市伏見区南浜町にある「寺田屋」はその後、西どなりの地に再建された堂々とした総二階造りの建物である。

◉現在の寺田屋（京都市伏見区）

おりょうの語り

お春と変名する

　この家（寺田屋）のお登勢*1というのがなかなかしっかりした女で、私が行くと襷《たすき》や前垂れを早やちゃんと揃えてあって、

「仕馴《しな》れまいがしばらくしんぼうしなさい」

と、私はお三やら娘分やらで、家内同様にしておりました。

　ところがこのままでは会津（京都守護職）の奴らに見つかるからと、お登勢が私の眉を剃ってくれて、

「これでだいぶ人相が変わったから大丈夫」

と言って笑いました。

名も変えねばならぬが、なんと変えようと言っていると、主人の弟が、
「京からはるばる来たのだから、お春とつけるがよろしい」
と言って、つづまりお春と変えました。

（後日譚1）

＊1 ●寺田屋お登勢は近江出身。十八歳で伏見の旅館寺田屋主人（六代目）伊助に嫁ぐ。元治元年（一八六四）九月二十六日に伊助が病没した後も、女将として寺田屋を切り盛りした。龍馬が寺田屋を定宿とするのは慶応元年（一八六五）ころと考えられ、同時期に妻おりょうを預けたようである。

新選組と出逢う

伏見にいた時分、夏の事で暑いから、ひと晩龍馬と二人でぶらぶら涼みがてら散歩に出かけまして、だんだん夜が更《ふ》けたから話しもって帰って来る途中、五、六人の新選組と出逢いました。

夜だからまさか坂本とは知らぬのでしょうが、浪人と見ればなんでもかんでも叩き斬る

という奴らですから、わざと私らに突き当って喧嘩をしかけたのです。

すると龍馬はプイとどこへ行ったか分からなくなったので、私は困ったが、ここぞ臍《ほぞ》の据《す》え時と思って、平気な風をして、

「あなたら、大きな声で何ですねえ」

と懐ろ手ですましていると、浪人はどこへ逃げたか、などぶつぶつ怒りながら私には何もせず行き過ぎてしまいました。

私はホッと安心し、三、四丁行きますと、町の角で龍馬が立ち留って待っていてくれました。

「あなた、私を置き去りにして。あんまり水臭いじゃありませんか」

と言うと、

「いいんにゃ、そういうわけじゃないが、あやつらに引っかかると、どうせ刀を抜かねば済まぬから、それが面倒で隠れたのだ。お前もこれくらいの事はふだんから心得ているだろう」

と言いました。

（拾遺1）

利秋、おりょうの寝室を襲う

私がまだ寺田屋にいた時分ですが、ある日の夕方、桐野利秋《きりのとしあき》＊2（そのころ村上判左衛門と偽名す）が大山実次郎らと共に江戸から来て、寺田屋へ泊まり込みました。

薩摩隼人《はやと》の事とて気が荒く、恐ろしそうですから、おおぜいの女中はいても、誰も酌に出る者が無いので、利秋は一杯機嫌の勢いで、腹立ちまぎれに皿鉢を投げ出す乱暴に、お登勢も持て余しておりますところへ、私がよそから帰ってきて、理由《わけ》を聞き、

「それなら私が静めて来ましょう」

と、元来男優《まさ》りですから、ずかずかと二階へ上がって、利秋の傍らへ坐り、物も言わずに前にあった盃を取り上げ、手酌で五、六杯続けざまに呑み乾して、無言で利秋の前へ突き出しましたから、さすがの利秋もびっくりしました。見ると若い女が恨めしそうに自分の顔を見て、不意に盃を差されたのですから。

先んずば人を制すとやら。利秋は気を呑まれて呆然としておりますと、私はやがて口を開き、

「あなたひとつお召《あが》りなさい。暴れたってしようがないじゃありませんか。つまりはあな

たの器量を下げるばかりですよ。今夜は私がお相手をいたしますから、充分召し上がって下さい」

と、恐るる色もなく夜更けまで、人も呑み自分も呑むで、利秋らが酔い倒れている隙を窺《うかが》い、そっと勝手へ下りて、跡仕舞の手伝いなぞして、己れの部屋で寝ていますと、夜中になって襖《ふすま》の外に人のいる様子ですから、何事かと気をつけていますと、突然入って来た人を見ると利秋です。私を捉《とら》えて、

「こら、貴様は今夜は俺の寝室へ来て寝ろ」

と、恐い顔をしておどしかけると、私はせせら笑い、

「冗談言っちゃいけませんよ。寺田屋のお春ですよ。宿場女郎とは違いますからねえ、人を見て法を説いて下さい」

と、きっぱり言い放って、捉えられた手を振り放すはずみに、寝る間も肌身はなさず持っていた短刀が落ちました。

利秋は目早く見つけて奪い取り、

「こら、貴様は女のくせに短刀なぞ持っておるは怪しいぞ。よくよく取り調べる件があるから、俺といっしょに来い」

と、私を引き立てて己れの部屋へ連れて来て、大山を起こし、利秋が、

「こらお春、貴様はどういうわけで短刀なぞを持っておるか。女に刀は要らないものだ。察するところ、貴様は伏見（奉行所）の廻し者だな。最前の挙動といい、我々を見ても恐れぬ所なぞはどうも怪しい。かくさず申し立てい」

と、あたかも法官が罪人に対するように睨みつけますと、私も負けぬ気で、

「女には短刀は要らないものですか。私は伏見の廻し者ではありませんが、その短刀は今夜のような暴れ者が私の部屋へでも浮かれ込むと困りますから、そんな奴がきたら叩き斬ってしまおうと思って、持っていたのです。怪しくばどこへなりと突き出してください」

と、利秋の顔を睨みつけると、利秋は言い込められてひと言も無く、顔を赤くしておりました。

すると大山が、

「君、ちょっとその刀を見せたまえ」

と、受け取って見ておりましたが、そっと利秋の袖を引いて、

「君、冗談しちゃあいけないぜ。ありゃぁ土州の坂本の妻だ。君も僕も顔を知らないから無理はないが、僕はこの短刀に見覚えがある。この短刀は坂本の差し料で、越前国弘の作だ。

これをかくし妻があってその者に渡してあると聞いていたが、かくし妻はこの女だぜ。君、とんだことをしたなあ」

と言いましたから、利秋はびっくりして、色々わび入り、翌日私を中の島へ連れてゆき、御馳走をして、

「どうか昨晩のことは、坂本氏へ内証にして下さい」

と、ほうほうの体《てい》で薩摩へ帰ったそうです。


（反5）

*2 ●桐野利秋は薩摩藩士。旧名を中村半次郎。維新後陸軍少将となるも西郷隆盛に従い下野し、明治十年（一八七七）九月二十四日、西南戦争で戦死。四十歳。

お登勢の貞操

お登勢は大津の米商某の娘で、二十歳[*3]の時に寺田屋伊助へ嫁《か》したのです。
八、九年の間は夫婦仲も睦まじく、専心家業を励んでいましたが、夫の伊助は子が出来たりすると、長年連れ添っている女房が鼻について、少し小金《こがね》が廻るところから、妻や子

◉龍馬やおりょうを庇護した寺田屋お登勢

のなげきもかえりみず、所帯じみた女房は見るのも厭《いや》と、仇な祇園町の君香《きみか》という芸者に浮かれて、金が無くなると帳場からつかみ出し、せっかくお登勢が稼いで貯めておけば、右から左へと持ち出すので、お登勢は時々身を投げかけて諫《いまし》めても、迷いの雲は晴れやらず、ついには家へも寄りつかず、料理屋先から金を取りに来るしまつに、お登勢は袖の乾くひまもなく、独り冷《つめ》たい空閨《くうけい》を守って、身の不幸をなげいていましたが、夫につらく当られても、いったん嫁した家なれば、ここを死に場と覚悟をして、大勢の女中と共に家業を励む傍ら、八人の子（長男伊助、次男伊之助、三男伊三郎、長女お力、次女おやす、三女おきぬ、四女おとき、五女おかね）を養育していましたが、そのうち伊助は病にかかりました。

お登勢は今までつらく当られたにもかかわらず、かいがいしく介抱して、一日も早く全快するよう、神に祈っていましたが、ついにその甲斐なく死去した時には、前後不覚に泣き倒れました。が、子供や女中に援《たす》けられてようやく家政を執るようになり、緑の黒髪を根から切って、一生後家で暮らしました。明治五年六月[*4]に没して、墓は伏見にあるそうです。

私は東京にいたですから、死に目には得逢《ええ》わなかったのです。残念ですよ。

（反5）

（拾遺2）

*3 ●お登勢が伊助に嫁いだのは十八歳の時。

*4 ●寺田屋お登勢が没したのは実は明治十年（一八七七）九月七日。四十九歳。墓は京都市伏見区松林院にある。

貞操人に屈せず

お登勢の夫の弟に太兵衛という者がおり、道具屋を営んでおりました。

ところが日ごろこの登勢に想をかけて、いつか当ってやろうと考えていましたが、まだ兄の伊兵衛さんも存命でいるし、商売柄に似合わぬ固い女ですから、空しく腕を拱《こまね》んで、時節の来るのを待っていました。

ところへ伊兵衛が死亡したものですから、その機失うべからずと、何とか名をつけては、寺田屋へ出入りして折々は袖を曳《ひ》く、振られる、なおも曳く、はねつけられる、ひつっこく曳く、怒られる、逼《せま》る、恥をかく。

犬と言われ、猫と罵《ののし》られて、大の男がいつも辱《はずかし》められるばかりですから、内心むやむやして、「畜生っ、今夜こそは」と、ある夜、人の寝しずまったところを窺い、またもこりずに挑みましたので、ついにはお登勢も堪忍袋の緒が切れて、執《と》られた手を振り放つがいなや、かねて用意の短刀を逆手に握って眼を怒らせ、

「さあ太兵衛さん、私にも荒神様がついていますから、みごと手に入れるものなら入れてごらん。今度はようしゃをしませんぞ」

と怒髪衝天《どはつしょうてん》の形相、恐ろしく罵《ののし》ったものですから、太兵衛の奴《やつ》、慄《ふる》え上がって、頭を抱えたまま襖の外へ遁《は》い出しました。


（残夢1）

近藤、お登勢を縛す

寺田屋は伏見の中心にあるので、大坂から来るも、江戸から来るも、この家を宿としておけば、しごく都合がよろしいものですから、新選組の奴らはどうにかして定宿にしたいと、人をもっていろいろ頼み入れましたが、もともと敵ですからお登勢は頑《がん》として承知しません。

もうこの上は、腕にかけずば承知すまいと、ある日、手下の木《こ》ッ葉《ぱ》どもが寺田屋へ踏み込んで、お登勢を縛《ばく》し、近藤・土方《ひじかた》らの前へ引きすえました。

賺《すか》したり、おどしたりして頼みましたが、お登勢はいっかな聞き入れず、殺されても厭《いや》だと、目をつむって覚悟の体《てい》ですから、さすがの近藤も持てあましているところへ、私が馳せ込んで、色々と詫びをして、結局泊まる事は出来ないが、休息くらいならという事になって引き取りました。ですから新選組の奴らは絶えず同家に出入りしていたのです。（反５）

秘密の艶書

会津または新選組の詮議《せんぎ》が厳しいので、同志の人々、あるいは勝安房（海舟）、西郷、木戸などと手紙の往復するにも、もし敵方の手に入っては、秘密を知られる恐れがあるというので、一計を案じ出して、すべての手紙を女の艶書《えんしょ》（恋文）のように書き送る事と定めました。

中を開けて見ても、

「お前様に恋こがれて、一目御《お》めもじをいたしたけれど、人目の関のきびしく、ことにさく夜はあまりのなつかしさに、忍び出でんと思い候いしに、憎くや父様に見いだされ、心ならずも押し籠《こ》められ、なきの涙に日を送らねばならぬ身となり申し候。なにとぞ、せめての思いやりに、今宵ひそかに御忍び下されたく、つもる話もいろいろこれあり打ち解けてたのしみたく、心ばかりはせき候えども、なみだに筆さえまわりかねて、おしくもあらあらざっと申し送り候。かしこ」

と、胸の悪くなるような事が書いてありますが、これを解《と》いて見ると、

昨夜お話し申す事があって貴君を訪うと思ったが、どうも道で怪しい奴に出逢い（父様に見いだされ）、ついにその意を得ず帰宅つかまつったが（心ならずも押し籠められ）、急に江戸へゆく用が出来たので（なきの涙に日を送る身となり申し候）、それについてはぜひとも貴君にお話し申さねばならぬ用あれば（せめての思いやりに）、今夜敵の目を掠《かす》め

て（今宵ひそかに）、拙宅まで御光来願いたく（御忍び下されたく）、御話し申し上げた上、今後の打ち合わせもつかまつって（つもる話もいろいろこれあり）、御別れに一杯呑みましょう（打ち解けてたのしみたく）。急ぎの用ゆえ明後日はぜひとも出立するが（心ばかりはせき候えども）、お待ち申しておる（なみだに筆もまわりかねて）。まずはご案内まで（おしくもあらあらざっと申し送り候。かしこ）

というようなもので、これを初めは私も知らないものですから、ある時袂《たもと》から拾い出して、大焼きに焼いたところが、理由《わけ》が知れてかえって羞《は》じました。

（続反1）

訪問者たち

陸奥《むつ》（陽之助・宗光）*5には一、二度逢いました。この人は紀州の家老伊達千広《だてちひろ》という人の二男で、その兄もおりおり京都へ来ましたが、四条の沢屋という宿屋にお国という妙な女がありました。

これとその兄と仲が好《よ》かったのです。ある日、伏見の薩摩屋敷へ大きな髻《もとどり》を結った男が来て、

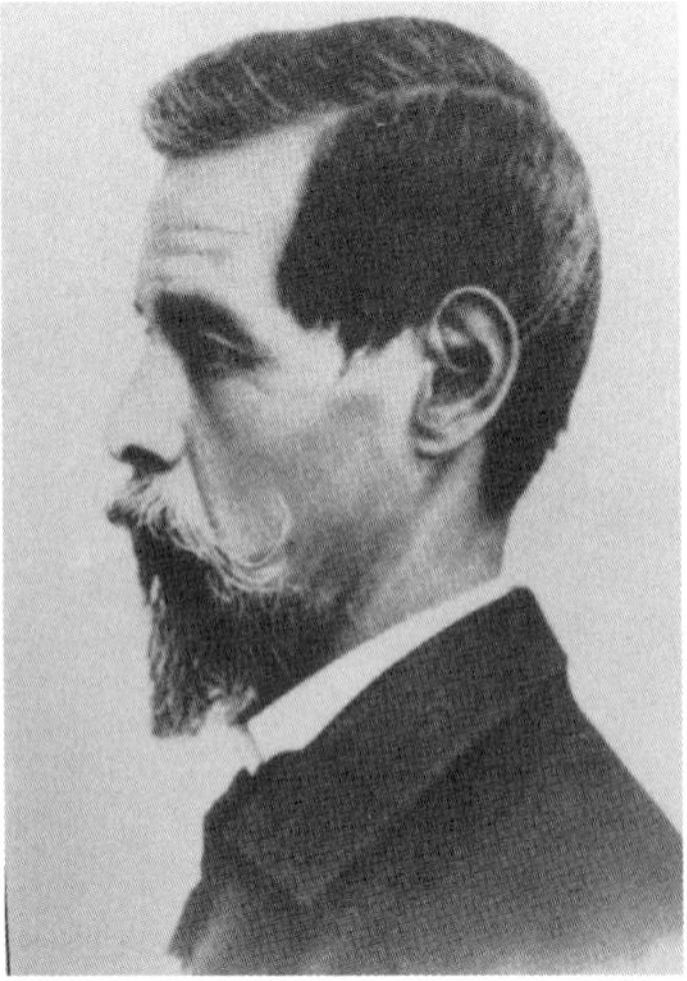

◉陸奥宗光

「坂本先生に手紙を持って来た」

と言いますから、私は龍馬に、

「何者ですか」

と聞くと、

「アレは紀州の伊達の子だ」

と言いました。この時から龍馬に従ったのです。

持って来た手紙は、饅頭屋の長次郎[*6]さんが長崎で切腹した事を知らせて来たのです。

「長次さんはまったく一人で罪を引受けて死んだので、俺がおったら殺しはせぬのじゃった」

と、龍馬が残念がっておりました。

あの伊藤俊輔（博文）さんや井上聞多《ぶんた》（馨《かおる》）さんは社（亀山社中）の人ではないですが、長次さんの事には関係があったと見え、龍馬が薩摩へ下った時、筑前の大藤太郎という男が来て、伊藤・井上は薄情だとか、卑怯だとかやかましく言っておりましたが、龍馬は、

「そんなに口惜しいなら、長州へ行って言え」

と、さんざんやり込めたのです。

するとその晩、ひと間《ま》隔てて寝ていた大藤が、夜半《よなか》に行燈《あんどん》の光で大刀を抜いて、寝刃《ねたば》を合《あわ》しておりますから、私は龍馬をゆり起こし、油断がなりませぬと、つまり朝まで寝ずでした。

翌日、陸奥が来ましたからこの事を話し、西郷さんにも知らせると、

「それは怪しからぬ」

と言って、私ら二人を上町《うえまち》というところへ移らせ、番人を置いて警戒させてくれました。

（後日譚1）

＊5　●陸奥の父伊達千広は紀州藩の重役だったが、政争のすえ改易となる。陸奥が九歳の時だった。陸奥は勝海舟の門で海軍を学び、その後、亀山社中、海援隊に参加。維新後は外務大臣など。明治三十年（一八九七）八月二十四日没。五十四歳。

＊6　●近藤長次郎（上杉宋次郎）は土佐の人。菓子屋「大里屋」の次男。勝海舟に海軍を学ぶ。同志と長崎で亀山社中を設け長州藩の軍艦購入に奔走するが、トラブルが起

こり慶応二年（一八六六）一月、長崎で自決。二十九歳。

火の玉

私が大坂に居た時分、ある夜の事で一同が寝静まって往来も淋しくなったころ、家の内にいて眼をつむっていますと、パッと明るく映るものがありますから、はてな、と起き上がって表へ出ると、人が騒いていますから、何事かと聞きますと、ちょうど道を歩いていた人が、

「いま東から西へかけて、それはそれは大きなちょうど四斗樽ほどの火の玉が飛んで行ったので、私は思わず地へ俯伏《うつぶ》しました」

と、まだ顔の色を変えているので、みな不思議に思っていましたが、翌日、大坂城の濠に一間ばかりの、昔から住んでいるぬしと言われていた山椒魚が死んでいたそうですが、間もなく長州征伐で徳川が敗れ、将軍が死亡*7したそうです。

（続反1）

*7 ●第二次長州征討（長州再征伐）の最中《さなか》、将軍徳川家茂《いえもち》が二十一歳で大坂城において

病死した。慶応二年（一八六六）七月二十日のことである。

第四章　伏見遭難

❖この章の解説❖

薩摩藩と長州藩は幕府独裁に批判的な外様大名だが、ライバル意識も強く、幕末になると対立を重ねていた。

孝明天皇は「禁門の変」で敗れた長州藩に朝敵の烙印を押し、幕府に長州征伐を命じる。これに対し長州藩は三家老の首級を差し出すなどして恭順謝罪したため、征伐軍は不戦解兵した。ところが、長州藩に対する天皇の怒りは収まらず朝敵の汚名は消えなかった。

長州藩復権のため、ひそかに協力の手を差し伸べたのが、中央政局に影響力を持つ薩摩藩である。薩摩藩の西郷隆盛などは諸大名の連合政権による政治こそが、日本再生につながると考えていた。そのためにも、長州藩を脱落させるわけにはいかない。西郷の意を受けた龍馬も長州に探索に出かけるなどして、奔走している。

内戦のすえ長州藩は表は朝廷と幕府に恭順し、裏では実力を蓄えるという「武備恭順」で一本化される。しかし密貿易禁止により、長州藩は武器不足に悩んでいた。そこへ薩摩藩が名義を貸したので、長州藩は七千三百挺の小銃と蒸気船一隻を長崎の英商グラバーから購入することが出来た。こうした交流により両藩は急接近してゆく。

再び長州藩を討とうとした将軍徳川家茂《いえもち》は京都に入り、慶応元年（一八六五）九月二十一日、天皇から長州再征伐の許可を取り付けた。これにつき薩摩藩の大久保利通《としみち》は西郷にあてた手紙（九月二十三日）に、長州藩を追討する「名分」が無いため従わないとし、「非義の勅命は勅命にあらず」との決意を述べた。

慶応二年一月二十日、伏見から京都入りした龍馬は西郷隆盛・木戸孝允《たかよし》らと面談し、薩長両藩の提携を確認する。そして二十三日夜、寺田屋に一人で帰った。寺田屋には事情探索のため潜伏していた長府藩（長州の支藩）の三吉《みよし》慎蔵が、龍馬の帰りを待っていた。

ところがこの夜、寺田屋に龍馬らが投宿していると察知した伏見奉行は、捕吏《ほり》を差し向ける。「はからずも幕府より人数さし立て、龍を打ち取るとて夜八ツ時頃二十人ばかり寝所に押し込み、皆手ごとに槍とり持ち、口々に上意、上意と申し候」と、龍馬は後日、木戸に知らせている。

おりょうが機転をきかせたお陰で、龍馬と三吉は負傷しながらも虎口を脱し、伏見の薩摩屋敷に逃げこんだ。龍馬は姉乙女あて書簡（同年十二月四日）に、

「この龍女（おりょう）がおればこそ、龍馬の命はたすかりたり」

と知らせている。おりょうを自分の妻として故郷で認めて欲しいとの思いが伝わる。

おりょうの語り

三吉慎蔵を匿う

慶応二年の正月十九日の晩、長州へ行っていた龍馬と新宮次郎*1（馬之助）と池内蔵太《くらた》*2ともう一人、私の知らぬ男とが一人の奴《やっこ》を連れて都合五人で寺田屋へ帰りました。

奴は下坐敷へ寝させて四人を二階へ上げると、龍馬が私の知らぬ男を指し、

「この方は長州の三吉慎蔵*3という人だ」

と紹介してくれましたから、私も挨拶して、さてその翌朝、龍馬が、

「俺ら三人はいまから薩摩屋敷（伏見）へ入るが、三吉だけは連れて行けぬから、お前が預かって匿《かく》しておけ」

と言いますから、なぜ連れて行けぬと聞くと、

「薩摩と長州とは近ころやっとの事で仲直りはしたが、なお互いに疑い合っているから、三吉は内々で薩摩の様子を探りに来たのだ」

と言う。

「そんなら私が預かります。が、ずいぶん新選組が往来するようですから、万一、三吉さんに怪我があったらいかがしましょう。私が死ねばよろしいですか」

と言うと、

「お前が死んでさえくれれば、長州へ申し訳は立つ」

と言いますから、

「では確かに預かります」

と、二階の秘密室（寺田屋は浪人を隠すため、秘密室、秘密梯子などを特に設けてあった）へ三吉さんを入らせ、

「坂本から聞きますれば御大切の御身体ですから、ずいぶん御用心なさって、万一の時にはここからお逃げなさい」
と、後ろの椽《えん》の抜け道を教えておきました。

（後日譚2）

＊1 ●新宮次郎（馬之助）は土佐の人。高知城下で焼き継ぎ屋（陶磁器を継ぐ職人）の修行をする。一方、河田小龍の門で絵を学ぶ。元治元年（一八六四）、神戸海軍塾に入り勝海舟に師事し、のち海援隊に参加。維新後は海軍大尉。明治十九年（一八八六）、四十八歳で没。

＊2 ●池内蔵太（変名・細川左馬之助）は土佐の人。文久三年（一八六三）に脱藩し、長州の攘夷戦、天誅組挙兵、禁門の変、長州藩内訌戦などで戦う。薩長提携に奔走する久留米浪士真木菊四郎を下関で暗殺したという。慶応二年（一八六六）二月ころ、龍馬に誘われ亀山社中に参加するも同年五月二日、海難事故で没。享年二十六。

＊3 ●三吉慎蔵は長府藩（長州の支藩、五万石）士。宝蔵院流槍の達人。寺田屋に潜伏した時は事情探索の命を受けていた。維新後は長府毛利家の家扶、北白川家の家令な

どを務め明治三十四年（一九〇一）二月十六日没。享年七十一。

寺田屋騒動の原因

さて、四人の浪人が寺田屋へ泊まり込んだ日に、新宮次郎はその以前、長崎で雇い入れた奴《やっこ》の長吉というやつを解雇《かいこ》しました。

この長吉は江戸（幕府）の廻し者で、うまく海援隊に近づいて、秘密を探らんとしていたので、新宮もうすうす覚《さと》ったものですから、少しばかりの事を口実にして寺田屋へ来る途中、追い払って四人は泊まり込んだのです。

すると長吉が二十日の朝、ひょっくり寺田屋へきて、

「お前の家に三吉、新宮なぞが泊まっているだろう」

と言うものですから、お登勢も心に、

（これは大変なやつが舞い込んできた。今こやつを帰しては四人の身が危うい。長崎からついてきた奴だから、この家へ泊まる事は知っていよう。帰せばきっと密告するに違いない）

と、思いましたから、大勢の女中に言いふくめて無理に奥坐敷へ連れ込み、美酒佳肴で

引き止め、伏見の女郎を一人頼んで、芸者風に仕立て、色仕掛で帰さぬようにしました。

が、長吉とても四人が来ている事は知っていますから、うかうかしていて逃がしては大変と思いましたから、止めるも聞かず、とうとう二十二日の夕方、大坂へ行くと偽《いつわ》り、その足ですぐ密告したのです。

出る時に、そっと例の女を呼び、

「お前にもいろいろ世話になった、俺もこのたび少し急ぎの用で大坂まで行って来るから、いずれまた帰ったら相応に物も取らせようが、あいにく懐中が淋しいからしばらくこれで我慢をしておけ」

と、金を三両白紙に包んでやったそうです。


（反2）

龍馬、襲撃される

するとその晩方、誰とも知れぬ者が駕籠に乗って来たから、私はええ、誰でも構うかと、いきなり駕籠の幕を引き上げると……龍馬が一人坐っているのです。

「あら、あなたですか」

と、飛び立つ思いで、さあ早よう上がって下さいと、三吉さんの居間へ通すと、二人は寝転んで話し始めたから、私は下へ来てみると、下婢などは台所で片付けをしており、お登勢は次の室で子供に添乳をしながら眠っている様子ですから、私はちょっと一杯と風呂に入っておりました。

ところがコツン、コツンという音が聞こえるので、変だと思っている間もなく、風呂の外から私の肩先へ槍を突き出しましたから、私は片手で槍を捕え、わざと二階へ聞こえるような大声で、

「女が風呂へ入っているのに、槍で突くなんか誰だ、誰だ」

と言うと、

「静かにせい、騒ぐと殺すぞ」

と言うから、

「お前さんらに殺される私じゃない」

と庭へ飛び下りて、濡れ肌に袷《あわせ》を一枚引っかけ、帯をする間もないから跣足《はだし》で駆け出すと、陣笠をかぶって槍を持った男が矢庭に私の胸倉を取って、

「二階に客があるに相違ない。名を言ってみよ」

伏見遭難の図（公文菊僊画、千頭清臣『坂本龍馬』より）

◉公文菊僊が描く龍馬・三吉の寺田屋での奮戦
（千頭清臣著『坂本龍馬』より）

と言いますから、

「薩摩の西郷小次郎さんと、一人は今し方来たので名は知らぬ」

とでたらめを言いますと、また、

「裏から二階へ上がれるか」

と言うから、

「表からお上がりなさい」

と言えば、

「うむ、よく教えた」

とか何とか言って、表へバタバタと行きました。

私は裏の秘密梯子から駆け上がって、

「捕り手が来ました。ご油断はなりませぬ」

と言うと、

「よし、心得た」

と三吉さんは起き上がって手早く袴《はかま》をつけ、槍を取って身構え、龍馬は小松（帯刀《たてわき》）さんがくれた六連発の短銃《ピストル》＊4を握って待ち構えましたが、敵の奴らは二階梯子のところまで来て、何やらがやがや言うばかり。進んでは来ないのです。ただ、一番先の男が龕燈《がんどうちょう》提燈《ちん》をこの方へ差し向けて見詰めているので、この方は一面明るくなって無勢の様子がすっかり分かるから、私は衣桁《いこう》にあった龍馬の羽織を行燈《あんどん》の片側へかぶせ掛け、明るい方を向うへむけ、暗い方へ二人つっ立って睨んでいますと、敵は少しも得進《えすす》まず、枕を投げるやら、火鉢を投げるやら、いっぱいの灰神楽《はいかぐら》です。

三吉さんは槍でいちいち払っておりましたが、この時、龍馬は一発ズドンとやりましたが、外れて二発目が鳴ると同時に龕燈を持った奴に当って、のけぞる拍子にその龕燈をズーッと後ろへ引きました。その光で下を見ると、梯子段《はしごだん》の下はいっぱいの捕り手で、槍の穂先はぴかぴかとまるで篠薄《しのすすき》です。三発やると、初めに私を捕えた男が持った槍をトンと落として斃《たお》れました。私は嬉しかった……。

もうこうなっては恐くも何ともなく、足の踏み場を自由にせねば二人が働けまいと思ったから、三枚の障子を二枚まで外《はず》しかけると龍馬が、

「まごまごするな、邪魔になる。坐って見ておれ」

と言いますから、私は「ヘイ」と言って龍馬の側へしゃがんで見ておりました。

龍馬はまた一発響かせて一人倒しましたが、弾《たま》は五ツしか込めてなかったので、あと一発となったのです。すると龍馬が、さァ弾が尽きそうなぞと、つぶやいておりますから、私は床の間へ走って行って、弾箱を持ち出して来たが、なかなか込める暇が無いので、私ははあ、はあ思っていると、四発目に当った奴がみんなへ倒れかかって五人、六人ひとなだれとなって下へバタバタ転がり落ちました。龍馬は、

「ハハハハ」

と笑って、

「卑怯なやつだ。こちらから押しかけて、斬って斬って、斬りまくろうか」

と言うと、三吉さんが、

「相手になるは無益。引くなら今が引き時だ」

と言う。そんなら引こうと、二人は後ろの椽《えん》から飛び出しました。

私もやれ安心と、庭へ降りようと欄干へ手を掛けると、鮮血《なまち》がぺったり手へ付いたから、誰かやられたなと思い、庭にあった下駄を一足持って逃げたのです。

（後日譚2）

*4 ●龍馬が寺田屋で使用したピストルは慶応二年（一八六六）二月六日、木戸孝允あて龍馬書簡には「かの高杉より送られ候」とある。高杉晋作《しんさく》は長州藩士で吉田松陰《しょういん》門下生。

薩摩屋敷へ逃げこむ

豊後橋《ぶんごばし》まで走り着き振り返ると、町はいっぱいの高張提燈《たかはりじょうちん》です。まぁ、こんなにぎょうさん捕り手が来たのかと、人のいるところは下駄を穿《は》いてそろそろと知らぬ顔で歩き、人の見えぬところは下駄を脱いで一生懸命に走りました。

ところがひょっこり竹田街道へ出ましたので、これは駄目かと思ってまた町へ引き返し、追々夜も更《ふ》けたから、もう大丈夫と思っておる矢先に、町の角で五、六人の捕り手にハタと行き遭って、「何者だ」と言うから私はトボけた顔をして、

「いま寺田屋の前を通ると、浪人が斬ったとか、突いたとか大騒ぎ。私しゃ恐くって逃げて来た。あなたも行ってごらんなさい」

と言うと、

「うむ、人違いじゃった」

と放しましたから、やれ嬉しやとは思ったが、また追っかけて来はせぬかと悟られぬように、下駄をカラカラと鳴らして、懐ろ手でそろそろと行きました。

早や夜明け方となって、東はほんのりと白んで、空を見ると二十三日の片われ月が傾いて、雲はヒラヒラとたなびき、四面はぼんやりしているのです。私は月を見もって行きました。ちょうど芝居のようですねえ……。

それからまた一人の男に出逢ったから、薩摩屋敷の方角を問いますと、私の風体《ふうてい》を見上げ見下ろし、

「どうしに行く」

と言いますから、ハッと思ったが、屋敷の隣の荒物屋があった事を思い出し、

「いえ、屋敷の隣の荒物屋の主人が急病で行くのだが、屋敷と聞けば分かりやすいから」

とごまかすと、「そうか」と言っててていねいに教えてくれましたので、やっとの事で薩摩屋敷へ着き、大山（彦八）さんに逢って、

「龍馬らは来ませんか」

と言うと、

「いや、まだ来ないが、その風体は全体どうしたものだ」

と言う。私は気が気でなく、龍馬が来ねば大変ですと引き返そうとするを、

「まあ事情を言ってみよ」

と抱き留めるので、かよう、かようと話しますとびっくりし、探しに行こうと言ってるところへ、三吉さんがぶるぶる震えもって来て、

「板屋の中で一夜明かしたが、敵が路を塞《ふさ》いでおって、二人いっしょに落ちられぬから、私一人来ました」

と言う。それを聞いて安心と、さっそく大山・吉井（玄蕃）の二人が小舟に薩摩の旗を立てて迎えに行ってくれました。

寒いから、私と三吉さんとは火をたいて煖《あたたま》っているところへ、三人が連れ立って帰りましたから、私は嬉しくって飛び出して行くと、龍馬が、

「お前は早や来ておるか」

と言いますから、

「欄干に血が付いていましたが、あなたやられはしませぬか」

と問えば、

「うむ、やられた」

と手を出す。

寄って見ると左の拇指と人指し指とを痛めておりました*5――。

椽《えん》から飛び出した時、暗がりから不意に斬りつけたのを、短銃《ピストル》で受けとめたが、切先が余って傷ついたのです――。つづまり人指し指は、自由がきかなくなってしまいました。

（後日譚２）

＊５　●慶応二年（一八六六）十二月四日、龍馬書簡（坂本権平、一同あて）には捕吏の脇差しが「私の右の大指の本をそぎ、左の大指の節を切割、左の人指の本の骨節を切たり」とある。

第五章　薩摩旅行

❖この章の解説❖

寺田屋で負傷した龍馬を、おりょうは献身的に看護した。

慶応二年（一八六六）二月二十九日、おりょうを連れた龍馬は傷療養も兼ね、大坂から薩摩藩艦三邦丸《みくにまる》に乗り込み、薩摩に向かう。鹿児島に帰る西郷隆盛・小松帯刀《たてわき》らに従ったのだ。

途中、下関で三吉慎蔵が下船し、三月十日に三邦丸は鹿児島に入港した。龍馬とおりょうは、鹿児島城下の小松や吉井幸輔の屋敷に滞在する。そして吉井らに薦められ、湯治《とうじ》に出掛けた。鹿児島から船で浜之市《はまんち》まで行き、それから日向山《ひなたやま》、塩浸《しおひたし》などの温泉を巡った。

この時の模様を、後日龍馬は故郷の家族に、次のように書き送っている。

「霧島山の方へ行く道にて日当山の温泉に止（泊）まり、又しおひたし（塩浸）と云う温泉に行く。此の所はもう大隅《おおすみ》の国にて和気清麻呂《わけのきよまろ》が庵を結びし所、蔭見《いんけん》の滝、その滝の布は五十間も落ちて中程には少しもさわりなし。実にこの世の外かと思われ候程、めずらしきところなり」

龍馬は塩浸に二十八日まで滞在した。

この間、蔭見の滝に感嘆し、谷川の渓谷で魚を捕り、ピストルで鳥を撃つなど「この世の外」を満喫する。

二人はさらに山奥に入り、霧島を目指す。

二十九日、龍馬とおりょうは「天《あま》の逆鉾《さかほこ》」を見ようと、高千穂《たかちほ》峰に登った。そして案内人が制止するのも聞かず、恐れることもなく天の逆鉾を引き抜いてしまう。

この逸話は、迷信などは気にかけない龍馬とおりょうの合理性を感じさせる。

霧島山は一面にツツジが広がり、美しかったという。

さらに二人は霧島神宮に参拝した。

おりょうの語り

京の薩摩屋敷へ移る

この屋敷（伏見）で一月一杯おりましたが、京都の西郷さんから京の屋敷へ来いと兵隊を迎えに寄越してくれましたから、ちょうど晦日《みそか》に伏見を立って、京都の薩邸へ入りました。

この時、龍馬は創《きず》を負っておるからと駕籠に乗り、私は男装して兵隊の中に雑《まじ》って行きました……。

おかしかったですよ。大山さんが袷《あわせ》と袴《はかま》を世話してくれましたが、私はなお帯が無いがと言いますと、白峰さんが白縮緬《ちりめん》の兵児帯《へこおび》へ血のいっぱい付いたのを持って来て、

「友達が切腹のおり結んでいたのだが、まあ我慢して着なさい」

と言う。それを巻きつけ、髷《まげ》を壊して浪人のように結び、その上へ頬冠《ほおかむ》りをして鉄砲を担《かつ》いで行きました。

ところが私は鉄漿《かね》を付けているから兵隊どもが私の顔を覗きこんで、「御卿様《おくげさま》だ」など

◉小松帯刀銅像（鹿児島市）

とからかっておりました。

小松[*1]さんははるばる馬に乗って迎えに来て、

「おりょうさん、足が傷むだろう」

と私の草鞋《わらじ》を解いて石で叩いてくれました。

京都へ着くと西郷さんが玄関へ飛び出して、

「よう来た、よう来た。おりょう、このたびはお前の手柄が第一だ。お前がいなかったら皆の命が無いのだった」

と扇を開いて煽り立て、そら菓子だの、茶だのって大そう大事にしてくれました。

つづまり二月はここで暮らし、三月の三日、ひとまず薩摩へ行ってはいかがと西郷さんが勧めるので、小松さんの持船の三邦丸へ乗って、私もいっしょに薩摩へ下りました。

（後日譚3）

*1 ●小松帯刀は薩摩藩士。島津久光側近として藩政改革を推進した。慶応二年（一八六六）十二月四日の兄権平あて龍馬書簡に、「当時天下の人物というのは……薩にて

小松帯刀。これは家老にて海軍惣大将なり」とある。西郷・大久保らと京都を拠点に討幕運動を推進した。明治三年（一八七〇）七月二十日病没。享年三十六。

突飛な女

寺田屋騒動のおりに私が浪人へ内通したばかりに、四人を取り逃したので新選組の奴らは口惜しがり、

「お春（おりょう）を見つけ次第、斬ってしまえ」

と血眼《ちまなこ》になって探しているものですから、私も今は寺田屋へ帰る事もならず、しばらく坂本らと共に薩摩屋敷に潜んでいました。しかしいつまでも同屋敷にいるわけにもゆきませんから、

「ひとまず鹿児島へ下ってはいかがか」

と西郷さんの勧めに、それではと同意して、慶応二年二月二十八日、龍馬は騒動のおりに右手の指へ負傷してまだその傷が平癒《いえ》ませんから、病人の事なればとて旅籠《かご》に乗り、私は人目を避けるため男装して行列に加わり、西郷さん・小松さんらと共に大坂まで下りました。

で、淀川へ小松帯刀さんの持船三邦丸を廻し、便船の用意をして同年三月四日の夕方、一同は乗り込み、五日の早朝一抹の煙を跡に残して淀川を出帆しました。

瀬戸の内海はご承知のとおり、風景の佳絶なるところですから、私は我知らず甲板に出でて、かなたこなたと眺めておりますところへ、龍馬が来て、

「りょう、どうだ。なかなか風景のよい海じゃろ。お前は船が好きじゃから、天下が鎮静して、王政回復の暁には汽船を一隻造《こしら》えて日本の沿岸を廻ってみようか」

と、笑いながら私の肩を軽く押さえました。

私もぬからぬ顔で、

「はい、私は家なぞはいりませんから、ただ丈夫な船があれば沢山。それで日本はおろか、外国の隅々まで残らず廻ってみとうございます」

と言いましたので、龍馬は思わず笑い出し、

「突飛《とっぴ》な女だ」

と、この事を西郷さんに話しますと、西郷さんが、

「なかなか面白い奴じゃ。突飛な女じゃからこそ、寺田屋でも君達の危うかったのを助けたのじゃ。あれがおとなしい者であったら、君達の命がどうなったか分からない」

と、果ては大笑いに笑ったそうです。（反3）

徳利の狙撃

ちょうど玄界灘へ船がさしかかった時の事です。この夜は一天晴れ渡って、波間に大漁の躍ると見る逢島、中島、三五の月の薄青く、浪に砕ける面白さに、三人は甲板《かんぱん》へ出て酒盛りを始めました。やがて龍馬が、

「ただ酒ばかり呑んでいても面白くない。なにか肴《さかな》しようではないか」

と言い出しましたので、一同は賛成して、さて、何をやろうと、首傾けた末、いよいよ徳利を狙撃して、負けた者が大盃を引き受ける事と決まったところへ、新宮さんが声高らかに、

お前玄海わしゃ中の島
年に一度は逢の島
…………ヨイトサ

と、船謡《ふなうた》を唄いながら、右手におおよそ五合も入ろうかと思うほどの大盃を持って、

「やァ俺も仲間入りをするぞ」

と、坐りこみました。

「ヤッよいところへきた。さあ始めよう」

と、支度に取りかかっているところへ船頭が来て、

「どうか短銃《ピストル》だけはやめて下さい」

元来こやつが短銃の音が嫌いと見えて、泣くように頼みましたが、龍馬は一言の下に叱りつけ、

「さあ、始めよう」

と、ひとつの徳利を海の中へ投げ込みました。徳利は浪のまにまに浮いたり沈んだりするを、籤《くじ》で相手を定めて、まず最初に龍馬が狙いを定めて一発轟然《ごうぜん》撃ち放しますと、みごと徳利は二つに破れて、そのまま沈んでゆく様子。

「さあ、今度は新宮の番だ。負けるな、しっかりやれ」

と、れいの大声で西郷さんがはやし立てる。一同が手を打って喜ぶうちに、新宮さんは

及び腰になって、左手で徳利を投げ込み、狙いを定めて引金《ひきがね》を引くと、弾丸は外れて、水深く沈んでゆきました。

「ヤッ、どうだ新宮。自分の刀で、自分の寝首を掻《か》くのか」

と、西郷さんも意地の悪い。新宮さんが持ってきた盃へ波々と酌《つ》いで、

「さあ約束だ、呑め」

と突きつけられ、さすがの新宮さんも少し弱った風で、今一度やり直しときたが、ゆるさない。とうとう呑まされて躍起《やっき》となり、

「さあ来い、誰でも来い」

と、相手えらばず競争しましたが、たてつづけに三度まで私に敗《や》られて、さすがに盃を執りかね、ほうほうの躰《てい》で下へ逃げ降りました。こうやって遊びにかこつけ、短銃の練習をしたのです。


（続反5）

大藤太郎

三月七日、下関へ着いて、龍馬は三吉さんを長州屋敷へ送り届け、その日は同港へ一泊

して、翌八日の早朝、出帆しまして海上事無く、十日の夕方、長崎へ入港しました。

そこにまた一泊して、翌十一日、同港を出て、十二日の正午、鹿児島へ着し上陸して茶会というところで休息しましたが、そのままそこの奥坐敷を借りてしばらく暮らしておりました。

ある日、同家へ泊まりこんだ大藤太郎という奴が龍馬に面会して、近藤長次郎*2が切腹の是非を論じ、

「伊藤（博文）・井上（馨）は卑怯なり・不徳なり」*3と大気焔《だいきえん》を吐いておりました。

夜に入って私がふと目をさますと、隣坐敷に人にいる様子です。不審に思って、そっとふすまの隙《すき》から窺うと、かの大藤が刀を抜いて、燈火に照らし寝刃《ねたば》を合しているようです。

びっくりして龍馬をゆり起こしこの事を話すと、龍馬も油断せず、刀を引き寄せて鯉口《こいぐち》くつろげ、寄らば斬らんと身がまえておりましたが、敵も覚《さと》ったとみえて、そっと坐敷を抜け出しました。

龍馬も少しく安心し、翌日、陸奥（宗光）さんが訪ねてきましたからこの事を物語ると、陸奥さんも容易ならぬ事と早速、西郷さんに話しましたから、西郷さんも龍馬と私を茶会処へ置いてはよろしくないと考え、鹿児島上町《うえまち》へ一軒家を持たせ、日々部下の者に警戒さ

◉鹿児島市に昭和 55 年（1980）に建てられた龍馬とおりょうの像

しておりました。

（反3）

＊2 ●近藤長次郎（上杉宋次郎）は慶応二年（一八六六）一月、長州藩汽船購入をめぐるトラブルから長崎で自決していた。龍馬は手帳に「術数余りありて至誠足らず。上杉氏（近藤のこと）の身を亡《ほろ》ぼすゆえんなり」との厳しい人物評を記している。

＊3 ●長州の伊藤と井上は慶応元年（一八六五）七月、桂小五郎（木戸孝允）の指示により長崎に出張し、近藤長次郎ら亀山社中の協力を得て、小銃七千三百挺と蒸気汽船一隻を薩摩藩名義で英商グラバーより購入した。大藤太郎の同様の話は後日譚にも出ている。こちらで

は大藤は、筑前の人となっている（第三章の訪問者たち）。

逆鉾を抜く

逆鉾《さかほこ》＊4ですが、山へ登ったのは田中吉兵衛さんと龍馬と私と三人でした。

小松さんが霧島の湯治《とうじ》に行っておりまして私らもいっしょでしたが、ある日私が山へ登ってみたいと言うと、

「言い出したら聞かぬ奴だから、連れて行ってやろう」

と龍馬が言いまして、山は御飯は禁物だからコレを弁当にと、小松さんがカステイラ＊5の切ったのをくれました。

鉾の上は天狗の面＊6を二ツ鋳付《いっ》けて一尺回りもありましょうか。から金で中は空で軽《か》あるいのです。私が、

「抜いてみとうございます」

と言うと、龍馬は、

「やってみよ、難しけりゃ手伝ってやる」

と笑っておりましたが、田中さんは色を青くして、

「そ、それを抜けば火が降ると昔から言ってある。どうぞやめて下さい」

と言う。私は、

「なぁに、大丈夫」

と鉾の根の石をさっさと払いのけ、ひと息に引き抜いて倒したままで帰りました。


（後日譚3）

＊4 ●薩摩に赴いた龍馬とおりょうが、霧島に登ったのは慶応二年（一八六六）三月二十九日のこと。頂上には天孫降臨《てんそんこうりん》伝説にちなみ、天狗の面を付けた天《あま》の逆鉾（高さ三メートルほどの金属製）が建てられていた。

＊5 ●カステイラ（カステラ）は戦国時代末期、ポルトガルから日本に伝えられ、江戸時代は長崎で製造販売されていた。海援隊関係史料「雄魂姓名録」（『坂本龍馬全集』昭和五十三年、所収）にはカステラ製造法が記されている。

＊6 ●龍馬が慶応二年（一八六六）十二月四日、姉乙女にあてた書簡には天の逆鉾を図入りで示し「やれやれとこしお（腰を）たたいて、はるばるのぼりしに、かようなるおもいもよらぬ天狗の面（げにおかしきかおつきにて）があり。大いに二人が笑い

たり」とある。

霧島山
つまらないいいい事ですが、私が霧島山へ登って逆鉾を、抜いたのを、帰って龍馬に話をするとひどく叱られて、
「女のくせに突飛《とっぴ》な事はつつしみなさい」
と、たしなめられていいいいて、さすがの私も、後悔して以後は力業をしなかったと他書に書いてありますが、*7 実は龍馬もいっしょに山へ登って、面白半分手伝って抜いたのです。

（続反2）

*7●『汗血千里駒』では、おりょうが書生と共に霧島に登山し、天の逆鉾を抜き、後日、龍馬から「神にまれ、仏にまれ、その土地の人の尊《とうと》む所の霊地にゆきて、斯《かか》る無礼の業《わざ》するは、その土地の人の目《ま》のあたり恥辱を与うるも同然。殊《こと》に女の用なきさかしらならずや」と、さんざん叱られたという。

第六章　海援隊

❖この章の解説❖

勝海舟の江戸召還、失脚により神戸で海軍を学んでいた龍馬は、土佐藩からの帰国命令を無視し、近藤長次郎・高松太郎・伊達小次郎（陸奥宗光）ら同志と共に薩摩藩の庇護を受けた。

薩摩藩は彼らを長崎に住まわせ、社中（亀山社中）を組織させる。社中は長州藩への武器斡旋などに活躍。

同時に犬猿の仲だった薩摩藩と長州藩の接近が進んだ。

しかし海運業を主としていた社中は、帆船ワイルウェフ号が沈没するなどの悲劇に見舞われ、経営困難に陥る。このため龍馬は慶応三年（一八六七）一月ころより、長崎から本拠を本州最西端の長州下関（馬関《ばかん》）に移そうとした。

北前船の寄港地で、国内貿易の拠点として栄えた下関の大半は長州の支藩、長府藩の領地であった。

当時長府藩は、海軍の設立を進めていたから、龍馬らも活躍の場が期待できたのだろう。あるいは竹島（現在の鬱陵島《うつりょうとう》）開拓などの、新規事業を起こそうとも考えたようだ。龍馬は下関の大年寄伊藤助太夫邸の一室「自然堂《じねんどう》」を寓居《ぐうきょ》とし、妻おりょうもここに住まわせる。

同じころ、時流に乗り遅れるのを危惧した土佐藩の後藤象二郎が、龍馬に接近して来た。龍馬は脱藩を赦《ゆる》され、慶応三年四月、土佐藩の海援隊長に任ぜられる。

平時は海運業や航海術教授などを行い、いざとなれば海軍となる土佐藩の遊軍的な性格を持つ海援隊は、社中を再編した組織とも言える。

『海援隊約規』の冒頭には、

「おおよそかつて本藩（土佐）を脱する者および他藩を脱する者、海外に志ある者この隊に入る。運輸・射利《しゃり》・開拓・投機、本藩の応援をなすをもって主とす」と、その運営目標が述べられる。

他国の脱藩者を認めたこと、武士らしくない商業活動「射利」を堂々と掲げた点などは特に画期的だ。隊士や水夫の数は、龍馬の手紙によると「諸生五十人ばかり」だったという。

海援隊という組織は、正式にはここから始まった。しかしおりょうはずっと以前、勝のもとに集まった龍馬ら土佐人を中心とする一団を、後年「海援隊」と呼んでいたことが回顧談からうかがえる。

なお、勝の門で学んでいたころの龍馬は、幕船黒龍丸で浪人二百人を蝦夷（北海道）に移住させ、開拓に従事させようとの計画を持っていた。幕府にすれば危険な浪人を政治の場から遠ざけ、労働力として利用出来るという一石二鳥の妙案である。

このため龍馬は、老中水野和泉守に相談したりしている。

だが、「禁門の変」などにより頓挫した。

ちなみに海援隊は龍馬没後の明治元年（一八六八）、新政府軍の一翼を担うなどしたが、ほとんど分裂し、同年閏四月に解散した。

海援隊の人数

海援隊の人数ですが、水夫も加えれば六、七十人もいたでしょう。

私の知っている人では、石川誠之助*1（中岡慎太郎）、菅野覚兵衛、高松太郎、石田英吉、中島作太郎（信行）、近藤長次郎、陸奥陽之助（宗光）、橋本久太夫、佐柳高次《さなぎたかじ》、山本洪堂、野村辰太郎、白峰駿馬、望月亀弥太、大利鼎吉《おおりていきち》、新宮馬之助、本山七郎くらいです。

陸援隊はまだ出来ておらなかったので、石川さんははじめはいっしょに海援隊でした。

面白い人で、私を見ると、

「おりょうさん、僕の顔に何か付いていていますか」

などと、いつもてがうておりました。


（後日譚1）

*1 ●石川誠之助は中岡慎太郎の変名。土佐藩士。土佐勤王党に加盟。文久三年（一八六三）十月、脱藩して長州藩に奔《はし》る。慶応三年（一八六七）四月、土佐藩の陸援隊長

◉海援隊の面々。左から長岡謙吉・溝淵広之丞・龍馬・山本洪堂・菅野覚兵衛・白峰駿馬（人物名は『歴史読本クロニクル・坂本龍馬の 33 年』平成 11 年による）

となるが同年十一月十五日、京都近江屋で龍馬と共に襲撃されて負傷、十七日に没した。三十歳。ちなみに海援隊に正式に在籍した事実はない。

お国の話

野村辰太郎*2と与三郎*3（権平の女婿《むすめむこ》、すなわち龍馬の甥《おい》にあたる）と二人連れで土佐を脱走して来たのです。

ちょうど越前から二人来て、海援隊へ入れてくれと言っておりました。

野村と与三郎とはこっちの隅《すみ》ではぺちゃぺちゃ、あっちの隅ではぺちゃぺちゃとお国（土佐）の事ばかり話しているので龍馬がたいへん腹を立て、「お国の事は話さいでも知っておる。天下を料理する者は、どの国はかようかようのありさま、君の国はいかがの風とか問うたり、聞いたりしてこそ学問になるのだ。いま越前から来ておるのをそっちのけにしておいて、自分勝手な話ばかりするとは怪しからぬ」

とさんざん叱って、

「貴様のような奴は、役に立たぬから帰ってしまえ」

と怒っておりました。


（後日譚4）

＊2 ●野村辰太郎（維章《これあき》）は土佐の人。慶応二年（一八六六）、脱藩して亀山社中、海援隊に参加した。維新後は控訴院検事官などを務め、明治三十六年（一九〇三）五月七日没。六十歳。男爵。

＊3 ●与三郎は坂本清次郎のことと思われる。清次郎は鎌田実清次男で、坂本権平の一人娘春猪《はるい》に配されて坂本家婿養子となり、二女をもうける。慶応三年（一八六七）五月に脱藩し、海援隊に参加。しかし龍馬は清次郎を人が良いだけで何の思想もない人物と、酷評している（慶応三年六月二十四日、姉乙女あて書簡）。維新後は自由

民権運動に参加するも、没年、享年など未詳。

北海道開拓の計画

北海道ですか。あれはずっと前から海援隊で開拓すると言っておりました。

私も行くつもりで、北海道の言葉をいちいち手帳へ書き付けて毎日稽古しておりました。

ある日、望月*4さんらが白の陣幕を造って来ましたから、

「戦争も無いに幕を造ってどうする」

と聞けば、

「北海道は義経*5を尊むから、この幕へ笹龍桐《ささりんどう》の紋を染めぬいて持って行く」

と言っておりました。

この時分、面白い話があるのです。*6北海道へ行く固めの盃にと一晩酒を呑みましたが、誰が言い出したか、ひとつ祇園をひやかそうと、大利《おおり》（鼎吉《ていきち》）*7さんは殿様に化けて籠に乗り、白峰*8（駿馬《しゅんめ》）さんがお小姓役、龍馬は八卦見、それから私が御腰元で祇園の茶屋へ押しかけ、

「これは殿様だから大事にして下さい」

と言うと、女中も、三助も、お内儀《かみ》さんも、みんな出て来て、ヘイ、ヘイとお辞儀をする。坂本は、

「八卦見だから手を出せ。筋を見てやる」

と言うと、

「私にも、私にも」

とみな掌を出すのを、何だとか、かだとかあてすっぽに言っておりましたが、

「よく当る、よく当る」

と喜んでおりました。帰りになると、

「いっしょにまごまごしておって、会津や桑名の奴らに見つかるといけないから、君はこの道を行け。僕はあっちへ行く」

と、みなちりぢりになって、思い思いに帰りました。


（後日譚1）

＊4　●望月亀弥太は元治元年（一八六四）六月五日夜の池田屋事件で闘死。
＊5　●源義経が文治五年（一一八九）閏四月、奥州平泉で死んでおらず、実は北海道から

大陸へ渡り、ジンギスカンになったとの、英雄不死伝説にちなむ。

＊6　●本書第二章の「一力の豪遊」と似た逸話だが、メンバーが異なる。あるいは龍馬はたびたび、こうして遊んだのかも知れない。

＊7　●大利鼎吉は土佐の人で、大坂城焼き打ちを企てたが、慶応元年（一八六五）一月八日、大坂松屋町で新選組の襲撃を受け闘死（ぜんざい屋事件）。二十四歳。

＊8　●白峰駿馬は越後長岡の人で、勝海舟に海軍を学ぶ。龍馬に従い、亀山社中、海援隊に参加。維新後は白峰造船所を設立。明治四十二年（一九〇九）四月一日没、六十三歳。

役者もいた

役者を一人かかえた事があります。舞や踊りが上手でしたが、

「今日が踊り納めだからひとつ踊って、今日限り一切踊ることはならぬぞ」

と踊らせました。

後藤（象二郎）さんが、

「君の家来には役者もおるか」

と笑った時、龍馬が、

「役者もおれば花児《こじき》もおるが、腸《はらわた》だけは綺麗なぞ」

と言ったそうです。

白峰駿馬は越後の生まれ、佐柳高次*9は讃州志度《しど》の者で本名は浦田運次郎、高次というのは龍馬がやった名です。


（後日譚4）

*9 ●佐柳高次は瀬戸内海塩飽《しあく》、佐柳島の生まれ。万延元年（一八六〇）、水夫として咸《かん》臨丸《りんまる》でアメリカに渡る。亀山社中、海援隊に参加して、水夫長として活躍。維新後は帰郷し、渡船業や酒屋を営み、明治二十四年（一八九一）一月二十七日没、五十七歳。

春木和助のこと

支那人の子を一人抱《かか》えました。

父親は上海《シャンハイ》あたりの者で、長崎へ商売に来ていて出来た子で、名はやっぱり支那流の難しい名でしたが、龍馬が支那から日本へまではるばる来たのだからと、春木和助という名をやりました[*10]。

*10 ●『木戸孝允日記』明治二年（一八六九）五月二十四日の条に「(中島) 作太郎の僕、支那人、曾《かつ》て坂本龍馬上海より買得て帰るものと云《いう》」とある。龍馬の上海渡航について は拙著『龍馬が愛した下関』(平成七年) など参照。

（後日譚4）

忠広の刀

忠広《ただひろ》[*11]の刀。あれは兄さんが龍馬に、

「この刀が欲しいか」

と言うから、

「欲しい」

と言えば、脱走せねばやると言う。

そんなら私も思案してみましょうと一旦返したそうですが、後に甲浦《かんのうら》まで帰った時、兄

さんから龍馬に送ってくれたのです。長州へ持って来て、見せました。

（後日譚4）

*11 ●瑞山会『維新土佐勤王史』（大正元年）によると、兄権平が秘蔵する肥前忠広の一刀を、日ごろから龍馬は所望していた。文久二年（一八六二）、龍馬が脱藩するさい、姉乙女はこれをひそかに与えたという。

龍馬の歌

龍馬の歌もぼつぼつありましたが、いちいち覚えてはおりませぬ。助太夫さんの家で一晩歌会*12をした時、龍馬が、

行く春も心やすげに見ゆる哉《かな》
　花なき里の夕ぐれのそら

玉月山松の葉もりの春の月

秋はあはれとなど思ひけむ

と詠《よ》みました。私も退屈でたまらぬから、

薄墨《うすずみ》の雲と見る間に筆の山
　門司の浦はにそゝぐ夕立

と詠んで、

「これは歌でしょうか」

と差し出すと、みな手を拍《う》ってうまい、うまい、なんて笑いました、ホホホホホホホ。*13

龍馬が土佐で詠んだ歌に、

　さよふけて月をもめでし賤《しづ》の男《を》の
　庭の小萩の露を知りけり

というのがあります。伏見で江戸へ出立の時に、

又あふと思ふ心をしるべにて
　道なき世にも出づる旅かな

と詠みました。

私の歌ですか……ホホ、まずいですよ。伏見の騒動の当時詠んで龍馬に見せたのがひとつあります。

思ひきや宇治の河瀬の末つひに
　君と伏見の月を見むとは

というのです。

龍馬の都々逸《どどいつ》がありますよ。こういうのです。

とんとんと登る梯子の真ん中程で、国を去つて薩摩同志（龍馬のこと）、楼に上る貧乏の春（おりょうのこと）、辛抱《しんぼう》しやんせと目に涙

というのです。小松さんの作ったのもひとつ覚えています。

西の国からお主《しゅ》の使ひ、風蕭々《せうせう》として易水寒し、壮士一たび去つて又還《かへ》らず、ならにや動かぬ武士の道

（後日譚3）

*12 ●慶応三年（一八六七）春ころ、下関（馬関）伊藤助太夫邸で催された歌会のこと。

*13 ●「反魂香（6）」によれば歌会に同席したのは他に長府藩士印藤聿《いんどうのぶる》・森現堂がいた。

海援隊の船

海援隊の船は横笛丸、*14 いろは丸、*15 夕顔丸、*16 桜島丸*17 の四ツで、龍馬が高杉（晋作）さんに

頼まれて下関で幕府の軍艦と戦った時、乗っていたのはこの桜島丸です。

いろは丸は紀州の船と衝突して沈没しましたので、長崎で裁判があって、償金を出せ、出さぬとだいぶやかましかったのです。

この時分、龍馬が隊中の者を連れて丸山（長崎）の茶屋で大騒ぎをして、

「船を破《や》られたその償《つぐな》いにゃ金を取らずに国をとる、国を取って蜜柑《みかん》を食う」

という歌を謡《うた》わせたのです。ホホ、おかしい歌ですねえ……。

（拾遺2）

＊14 ●横笛丸は土佐藩が慶応三年（一八六七）六月に購入した洋式船。二六五トン。

＊15 ●いろは丸は伊予大洲《おおず》藩所有の蒸気船（一六〇トン）。慶応三年（一八六七）四月、龍馬の海援隊が海運業のため大洲藩との間に賃貸借契約を結んだ。しかし同月二十三日夜、瀬戸内海を航行中、紀州藩船明光丸と衝突し沈没した。龍馬は交渉のすえ、紀州藩に賠償金八万三千両の支払を約束させた。

＊16 ●夕顔丸は土佐藩が慶応三年（一八六七）二月、英商オールトより購入した洋式船。六五九トン。

＊17　●桜島丸は慶応元年（一八六五）十月、長州藩が薩摩藩名義で英商グラバーより購入した木製蒸気船で元の名はユニオン号。慶応二年六月、第二次長州征討さ中の長州藩に引き渡され、「乙丑丸《いっちゅう》」と名付けられた。

巌流島の花火

長州の長府（三吉慎蔵の家）にいた時分、＊18 すぐ向うに巌流島《がんりゅうじま》＊19 といって仇討ちの名高い島があるのです。

春は桜が咲いて綺麗でしたから、みなと花見に行きました。

ある晩、龍馬と二人でこっそりと小舟に乗り、島へ上がって煙火《はなび》を挙げましたが、戻って来ると三吉さんらがびっくりして、

「いままさに向うの島で妙な火が出たが、なんだろう」

と不思議がっておりました。岸からは僅か七、八丁しか離れていないので、極々小さい島でした。

（拾遺２）

＊18　●慶応三年（一八六七）春ころの話だろう。

＊19　●巌流島は本州・九州間に横たわる関門海峡に浮かぶ。正式には舟島《ふなしま》という。慶長十七年（一六一二）、宮本武蔵と佐々木小次郎の決闘が行われた。江戸時代は八文字屋自笑作の浄瑠璃本『花筏巌流島』の影響により、「決闘」ではなく「仇討ち」の島として知られていた。

第七章　周囲の人びと

❖この章の解説❖

龍馬は、いわゆる尊王攘夷の「志士」とはひと味違う。脱藩して幕府の勝海舟に入門したり、討幕派の薩摩藩や長州藩にも接触する。しかも天下国家を論じながら、つねに商売と結び付けるリアリストだ。

武力討幕回避の大政奉還を土佐藩の後藤象二郎らが進める中、一千挺もの小銃を土佐藩に買わせたりする。

だから龍馬を型に分類するのは難しい。あえて言えば、龍馬型と呼ぶしかない。明治になり、ただちに多数出版された「志士」の列伝の中にも「坂本龍馬」の名は無い。当時は「志士」として、認識されていなかったのかも知れない。海援隊の中に、越前出身の小谷耕蔵という佐幕派がいた。小谷を非難する他の隊士に向かい、龍馬はこう諭《さと》したという。

「隊中ただ一人の佐幕の士を同化させることもできなくてどうするのだ」

見ようによっては、龍馬の懐の深さを物語る逸話である。それだけに龍馬の人脈は多士済々で面白い。

おりょうの語り

千葉さの子のこと

千葉周作の娘さの子[*1]は、親に似ぬ淫奔女《いんぽんおんな》であったそうです。

肩揚《かたあげ》の跡《あと》のまだ鮮やかな時分から、門弟の誰彼《だれかれ》に心を寄せて附文《つけぶみ》をしたり、あたりに人のいない時は、年の若い優男《やさおとこ》を捉えて口説いたり。

いやもう箸にも棒にもかからぬ女で、それがまた美人だったとしたら、師匠の眼をかすめても、時にあるいは花陰に眠る者もあるのでしょうが、悪女（器量の悪い女）の深情けとやらで、わがままで、腕力が強くて、それで嫉妬《しっと》深いものですから、みなが逃げてまわっていました。

ところが龍馬が周作の門弟になった時、さっそく附文をされたので、龍馬もあきれかえって、なるだけ顔を合わせないようにしていました。

後に同志の人が集《つど》った時に、

「いやもう、私は天下に恐る敵は無いが、彼女《あれ》には閉口した」

と、頭を掻《か》いて、苦笑したそうです。

（反5）

◉裏に「坂本龍馬室」と刻まれている「さな」の墓（甲府市・清運寺）

＊1　●龍馬は十九歳の嘉永六年（一八五三）三月、武芸修行のため土佐高知を後にして江戸へ向かった。そして京橋桶町《おけちょう》付近に道場を構える北辰一刀流の千葉定《さだ》吉《きち》に入門する。定吉は陸奥出身

で、有名な剣客千葉周作の弟である。

定吉には三人の娘がいたが、一番上がさな子（佐那）だった。おりょうは「さの」と勘違いしていたようである。また、周作の娘ではなく、定吉の娘が正しい。やがてさな子は三つ年長の龍馬と恋仲になり、婚約まで済ませたという。結納品として千葉家は短刀を、龍馬は松平春嶽《しゅんがく》より拝領した袷衣《あわせ》を、それぞれ贈ったともいう（山本節「坂本龍馬の未亡人を訪ふ」『女学雑誌・三五二号』明治二十六年）。

龍馬が文久三年（一八六三）八月ころ、姉乙女に書き送った手紙では、さな子を次のように紹介している。

「この人はおさなというなり。本（名）は乙女といいしなり。今年二十六歳になり候。馬によくのり剣もよほど手づよく、長刀《なぎなた》も出来、力《ちから》はなみなみの男子よりもつよく、……十三弦のこと（琴）をよくひき、十四歳の時皆伝《かいでん》いたし申し候。そしてえ（絵）もかき申し候。心ばえ大丈夫にて男子などおよ（及）ばず。それにいたりてしずかなる人なり」

しかし、二人の結婚は実現しなかった。さな子は華族学校に職を得たり、灸治療院を開いたりして生涯独身を貫き（異説あり）、明治二十九年（一八九六）十月十五日、五十九歳で没。山梨県甲府市・清運寺《せいうん》に現存するその墓碑の裏には「坂本龍馬室」と小さく刻まれている。龍馬の妻との意味である。それにしても龍馬が後年、妻に語ったという元恋人（現代風にいえば元カノ）の話はひどすぎる。さな子とおりょうは生涯面識がなかったのが、せめてもの救いと言うべきか。

一橋公の日記

千葉の娘はおさの（さな）といってお転婆《てんば》だったそうです。親が剣道の指南番だったから御殿へも出入りしたものか、一橋公*2の日記を盗み出して龍馬にくれたので、龍馬は徳川家の内幕をすっかり知ることができたそうです。「おさのはおれのためにずいぶん骨を折ってくれたが、俺はなんだか好かぬから、取り合わなかった」

と言っておりました。

（後日譚6）

＊2　●一橋家は田安・清水家と並ぶ徳川御三卿のひとつ。当主は、のちの十五代将軍となる慶喜《よしのぶ》。

武市半平太のこと

武市《たけち》（半平太）[＊3]さんには一度会いました。

江戸から国（土佐）へ帰る時、京都へ立ち寄って龍馬に、

「いっしょに帰らぬか」

と言うから、

「今お国では誰でも彼でも捕えて斬っているから、帰ったら必ずヤラれる」

と留めたけれども、武市さんは無理に帰って、はたしてあのとおり割腹《かっぷく》するようになりました。龍馬が、

「俺も武市といっしょに帰っていたもんなら、命は無いのじゃった。武市は正直すぎるからヤられた。惜しい事をした」

と言って、溜息をして話しました。[＊4]

（後日譚5）

＊3 ●武市半平太（瑞山《ずいざん》）は土佐藩士。文久元年（一八六一）、土佐勤王党を結成して首領となり、「一藩勤王」を目指し、京都で長州・薩摩の激派と気脈を通じて尊攘運動に奔走した。文久三年四月、帰国するが土佐藩で勤王党に対する弾圧が始まったため、九月に投獄され、慶応元年（一八六五）閏五月十一日、切腹させられた。三十七歳。六歳年少の龍馬は遠縁にあたる。

＊4 ●神戸の勝海舟の塾で海軍を学んでいた龍馬にも後日、帰国命令が出たが、これを無視したため再び脱藩の身となった。

吉村虎太郎のこと

吉村（虎太郎）[＊5]さんには私は会った事はありませんが、龍馬がつねに話しておりました。大和へ行く時に、京都の骨董屋で緋縅《ひおどし》の鎧《よろい》を百両で買う約束をしてあったそうですが、旗挙げの期日が迫って急に京都を飛び出したので、金は払わずにその鎧を着たまま戦って死んだそうです。

骨董屋は損をしたが苦にもせず、結局嬉しがって、

「私は土州の吉村に百両の鎧をやった」

などと、近所隣に吹聴《ふいちょう》していましたそうな。

（拾遺2）

◉吉村虎太郎

*5 ●吉村虎《とら》（寅）太郎《たろう》は土佐の人で、脱藩して尊攘運動に奔走した。文久三年（一八六三）八月十四日、大和行幸《やまとぎょうこう》の先鋒として大和五条（現在の奈良県五條市）で天誅組《てんちゅうぐみ》を挙兵するも敗れ、九月二十七日、東吉野の山中で二十七歳で戦死。そのさい「残念……」と言い残したため民衆は「残念大将」と呼び、吉村の墓参を流行させた。百両の鎧代を踏み倒された骨董屋がかえって嬉しがったのも、没後の人気が高かったためだろう。

近藤勇のこと

近藤勇*6は三十一、二の年恰好で、顔の四角いような、眉毛の濃い、色の白い、口は人並みより少し大きい奸物《かんぶつ》らしき男でした。
寺田屋のお登勢を捕えて「新選組の定宿」という看板を出せと強情を言ったのですが、お登勢もなかなかしっかりした女ですから承知しなかったのです。
あの壬生《みぶ》浪人というのは、いわば新選組の親類のようなもので、清河八郎*7が頭で、京都の壬生村に本陣があったのです。*8それで当時はこの浪人を「みぶろう、みぶろう」と言っておりました。*9

（拾遺2）

*6 ●近藤勇は武蔵上石原（現在の東京都調布市）の農家に生まれ、文久元年（一八六一）、天然理心流《てんねんりしん》剣術の宗家を継ぐ。文久三年に京都に上り、新選組を結成して局長となり、京都守護職の下で治安維持に努める。明治元年（一八六八）四月二十五日、江戸板橋で斬首。享年三十五。

*7 ●清河八郎は出羽《でわ》の人。江戸で千葉周作に北辰一刀流の剣を学び、尊攘運動に奔走。幕府に浪士組結成を進言して実現させるが、文久三年（一八六三）四月十三日、江戸麻布一ノ橋で幕府方の佐々木只三郎に暗殺された。三十四歳。

＊8 ●「みぶろう（壬生狼）」は壬生（現在の京都市下京区）に本拠を置いていた新選組のこと。清河八郎や山岡鉄舟の提議で結成された幕府の浪士組が分裂し、新選組が結成されたのだが、おりょうはこのあたりの事情を混同して記憶しているようだ。

＊9 ●明治のころ、龍馬暗殺犯は新選組であると信じている者も多く（現在ではほぼ否定されているが）、いずれにせよ、おりょうにとり近藤勇は憎い存在であったのだろう。

門田為之助のこと

門田《かどた》為之助《ためのすけ》＊10さんは、肺病で死んだのです。

長州の姫様の嫁入りの事で奔走していましたが、一度面会に来て、

「私もこの事が成就せねば、切腹せねばならぬから、事によるともうお目にはかからぬ」

と言うから、餞別をして上げましたが、うまくやったのです。

「門田は立派にやってくれてありがたい。仕損じたら土佐の名を汚すのじゃった」

と龍馬が嬉しがっておりました。

（後日譚5）

*10 ●門田為之助（克兵衛）は土佐藩士。一弦琴の師として知られた門田宇平の子。武市半平太や龍馬と親しく、龍馬は慶応三年（一八六七）一月二十二日、姉乙女あて書簡で「このたび門為参り候て海山の咄《はなし》、御国の咄も聞きつくし、誠におもしろく存じ奉り候」などと述べている。門田が骨を折ったという、長州の姫の嫁入りについては未詳。慶応三年十一月六日、故郷で病没。三十歳。

新宮次郎のこと

新宮次郎さんは土佐の新宮村の人で、はじめは馬之助と言って髯《ひげ》が立派で美しい人でした。

龍馬が言ってますには、

「俺は前《さき》へ立って、藪でも岩でもぞんぞん押し分けて道開きをするので、その跡は新宮が鎌や鍬やで綺麗に繕《つくろ》ってくれるのだ」

あの広井磐之助《いわのすけ》*11の仇討ちは、この新宮さんが助太刀をしたのです。話を聞けば、ソレ、お話にもならぬ……。アノとんと騒ぎから起こったので、仇討ちをするほどの事ではない、と龍馬が言っておりました。

討たれた棚橋とかいう男にも、龍馬が気の毒に思って、

「君をねらっている者があるから早く逃げよ」

と言ったら、

「討ちたければ討つがよい。この方もそれだけの用心をする」

と言っていましたそうな。


（後日譚5）


新宮さんは器用な人で、たしか小龍《しょうりょう》*12とかいうお方の弟子だったそうで、画《が》も上手でしたが、ある日、女が丸はだかでいる絵を描いて、腰の辺から股の中の事まで、すっかり描いておりました。

美男でしたから、

「君は男振りがよいから女が惚れる、僕は男振りは悪いがやっぱり惚れる」

などと、龍馬がてごうておりました。


（拾遺1）

＊11●広井磐之助は土佐の人で、勝海舟の門人。文久三年（一八六三）六月三日、同門の新宮・千屋寅之助（菅野覚兵衛）立ち会いのもとで、紀州（境橋）において父の仇である棚橋三郎を討ち、本懐を遂げる。慶応二年（一八六六）九月七日、二十九歳で病死。

＊12●河田小龍は土佐の人で絵師。アメリカから帰国した中浜万次郎の漂流体験を取材した『漂巽紀略《ひょうそんきりゃく》』を著し、龍馬の世界観にも影響を与えたと伝えられる。明治三十一年（一八九八）十二月十九日没、七十五歳。

長岡謙吉のこと

長岡謙吉＊13（今井純正の変名）は龍馬が大変可愛がって、薩摩へも連れて行きましたが、朝寝をしてどうもならぬのです。

ところが犬が大嫌いでしたから、蒲団をかぶって寝ている時には、犬を枕元へ坐らせておいて揺り起こすと、ヘイと言って起き上がり、犬を見ればすぐまた蒲団をひっかぶって、「姉さん（海援隊の者はおりょうを姉さんと呼んだ）は悪い事をする」

なぞ言っておりました。龍馬が、
「長岡のようなキツイ顔つきで、犬が恐ろしいとは不思議じゃないか」
と笑っておりましたが、明治の初め、東京で死んだのです。

（後日譚４）

＊13 ●長岡謙吉は土佐の人。長崎で医学を修め、海援隊に参加し、龍馬の秘書役を務めた。龍馬没後の海援隊長。明治五年（一八七二）六月十一日病没、三十九歳。

橋本久太夫のこと

橋本久太夫＊14はもと幕府の軍艦へ乗っていたので、大酒呑みでしたが、舟の乗り方はなかなか上手でした。

大坂沖で舟の中で酒場喧嘩をしでかし、海へ飛び込んで逃げて来て、抱えてくれと言うから家来にしたのです。

後に薩摩から長崎へ廻航の時、甑灘《こしきなだ》で大浪に逢い、船は揺れる、人は酔う、仕方がないのです。私はテーブルに向かい腰をかけ、月琴を弾いていると、龍馬は側《そば》でニコニコ笑いながら聴いておりました。

しばらくして便所へ行こうと思ったが、船が揺れて歩けぬからはうようにして行ってみると、みんな酔って、唸っているに、久太夫がひとり五体を帆檣《はんしょう》へ縛りつけ、帆を捲いたり、張ったりして働いておりましたが、私を見るなり、

「奥さんでさえ起きているぞ。貴様ら恥を知れ、恥を知れ」

と大声で叫んでおりました。

天草港へ着きかけるとみな起きて来て、衣物《きもの》を着換えるやら、顔を洗うやら大騒ぎ。久太夫はひとり蹲《つくな》んで見ておりましたが、私が、

「港が見えだすとそんな真似をして。お前ら何だ、酔って寝ていたくせに」

と言うと、橋本が、

「そら見よ、みな来て謝れ、謝れ」

と言って、こやつは一番酔った奴、かやつは二、三番といちいち指さすと、みな平伏して、

「まことに悪うござりました」

と謝っておりました。ホホ、私悪いことをしたもんですネー。

◉亀山社中跡（長崎市）

すると龍馬が出て来て、

「そんな事をするな。酔う者は酔う。酔わぬ者は酔わぬ性分だからしかたがない」

と笑っておりました。

それから港へ着くと薩摩の旗を樹《た》てておるから迎えに来るはずですが、浪が荒くって来れないのです。下《お》るには桟橋もなし。困っていると久太夫が碇《いかり》を向うの岸へ投げ上げ、綱を伝って岸へ上がり、荷物などみな一人で世話してしまいました。

龍馬がたいそう喜んで、

「おりょうよ、橋本の仕事は実に潔《いさぎよ》い。俺の抱える者はみなこんな者だ」

と褒めておりました。


（後日譚5）

＊14 ●橋本久太夫は越後出身。幕府軍艦の乗組員だったが、亀山社中、海援隊に参加した。

橋本久太夫の妻

橋本久太夫は大坂にいたころは、妻を二人持っておりました。一人は長崎の女郎、一人は大坂の芸者でした。私が、

「妻を二人も持ってはいけぬ。どれか一人にするがよい」

と言うと、

「見てください。どちらがよろしゅうございましょう」

と言うから私が二人に会ってみると、長崎のは国へ帰りたいと言っているし、大坂のは親のために芸者になったと言ってましたが、顔もよし温厚《おとな》しそうな女でしたから、

「帰りたいと言うのは帰して、大坂の方を取れ」

と言うと、橋本もその気になり、帰すことにしましたが、さあ路用が要る。私が、

「十四、五両なら貸してやる」

と言うとすぐ、

「そんなら拝借」

と手を出しましてネ。ホホ、こんな面白い男ですよ。つづまり帰して、大坂のを本妻にしました。お房という女です。のちに私が東京へ出た時、高輪《たかなわ》でふいと橋本に邂逅《めぐりあ》い、

「まあ私の家へ来なさい」

と言うから二、三日世話になりましたが、お房が、

「あなたのおかげで酒呑みだけれど、まあ橋本さんと副《そ》っております。ご恩返しはこんな時にせねば、する時がない」

と言って、親切にしてくれました。自分の夫だけれど、やっぱり橋本さん、橋本さんと、いいいさんづけにしておりました。


（拾遺1）

中井正五郎のこと

中井正五郎[*15]さんは天誅組の落武者で、海援隊へ入っていたのです[*16]。頬髯《ほおひげ》の生えた威厳《いかめ》しい男でした。ふだん隊中の者に言っていたそうです……僕は坂本氏のためなら、いつでも一命を捨てるってネ……果たして龍馬が斬られて、同志が新選組へ

復讐に行った時、この中井さんが真っ先に斬り込んで、花々しく戦って討ち死にしたのです。

墓は東山の龍馬の墓の五、六間向うに出来ています。海援隊が建てたので……。

（拾遺3）

◉霊山に建てられた中井正五郎招魂墓（京都市）

＊15 ●中井正（庄）五郎は大和十津川の郷士。慶応三年（一八六七）十二月七日夜、海・陸援隊士が龍馬暗殺を唆《そそのか》したと噂された紀州藩士三浦休太郎を京都天満屋に襲ったさい、闘死した。二十一歳。

＊16 ●龍馬と親交があったようだが、実は海援隊士ではない。

第八章　龍馬暗殺

❖この章の解説❖

大政奉還からひと月が過ぎた慶応三年（一八六七）十一月十五日夜、龍馬は京都河原町の近江屋（醤油屋）二階で、たまたま訪ねて来た中岡慎太郎と会談していた。

そこへ数人の刺客が飛び込んで来て、ひとりは中岡の後頭部へ斬りつけ、ひとりは龍馬の前頭部を横払った。

初太刀を受けた龍馬は、床の間に置いていた刀を取ろうと身をひねるが、右肩先から左背骨にかけて二の太刀を受ける。つづく三の太刀を龍馬は、立ち上がりざまに鞘のままで受け止めたが、そのこじりは低い天井を突き破る。さらに刺客の太刀は龍馬の刀の鞘を割り、刀身を削った。そして余勢をもって龍馬の前額を鉢巻きなりになぎ払い、龍馬は脳が吹き出すほどの重傷を受ける（平尾道雄『龍馬のすべて』昭和四十一年）。

龍馬は「石川（中岡）、刀はないか。刀はないか」と叫びながら倒れ、一旦息を吹き返したが、間もなく「慎太、俺は脳をやられたから、もう駄目だ」と呟き絶命した。三十三歳。

重傷を負った中岡慎太郎は駆けつけた医者の手当を受け、一命をとりとめたものの、二日後の夕刻、三十歳で没した。

刺客は佐々木只三郎を首領とする六名または七名の幕府見廻《みまわり》組という。佐々木はひと月あまり後の明治元年（一八六八）一月、鳥羽・伏見の戦いで薩長軍相手に戦い負傷し、紀州紀三井《きみい》寺まで逃れたが、三十六歳で没している。「壮士三百人」を引き連れて京都に入って来たと噂された龍馬は、幕府方にとり不穏分子の巨頭だったのだ。

龍馬・中岡・従僕の藤吉の遺骸は十七日夜、同志の手によりひそかに東山霊山《りょうぜん》に埋葬された。後日墓所には「坂本龍馬紀直柔之墓」「中岡慎太郎道正之墓」と刻む、角材型の墓が建てられた。

そのころ、おりょうは下関の伊藤邸にいた。龍馬暗殺の知らせが下関に届いたのは、事件から約二週間経った十二月二日のことである。長崎の海援隊士浦田運太郎からそれを聞き、驚いた伊藤助太夫が、長府藩士三吉慎蔵と印藤聿《いんどうのぶる》に知らせた手紙が残る。「奥様へは何ともその模様は申し上げず、さし控《ひか》えおり申し候」とし、龍馬の死をおりょうにどのように伝えるか、指示を仰いだ内容だ。

三吉らは相談したすえ、おりょうに龍馬が死去したと伝える（このあたりの経緯、日時はなぜかおりょうの回顧談と史料とでは食い違いが目立つ）。しかしおりょうはすでに、夢で龍馬に一大事が起こっていたことを知っていたのだという。

おりょうの語り

おくびょうたれ

龍馬・中岡が殺されたと聞き、同志の人々は大いに激昂《げっこう》して、油小路の新選組の屋敷*1へ暴れ込みました。

行く時に同志のひとり陸奥宗光*2が、なぜかいやと首を振ったそうですが、ついに勧められて行く事となりました。

元来陸奥は隊中で「おくびょうたれ」と綽名《あだな》されているので、それを言われて笑われる口惜しさと、ひとつはなにか他に理由《わけ》があるのか、出かけたものの、他の者は勢いよく斬り込んで、縦横に薙立《なぎた》てておるのに、陸奥は裏の切戸に短銃《ピストル》を持ったまま立っていたそうです。

（反6）

＊1 ●慶応三年（一八六七）十二月七日夜、海・陸援隊士十数名が、京都油小路花屋町下ル天満屋に、紀州藩士三浦休太郎（休《やすし》）を襲撃した事件。三浦を護衛していたのが新選組だった。三浦は負傷したが虎口を脱し、維新後は貴族院議員、東京府知事などを務め、明治四十三年（一九一〇）十二月十一日没、八十二歳。

＊2 ●陸奥宗光（源次郎・陽之助）は、紀州藩出身で旧名を伊達小次郎といった。維新後は、農商務大臣、外務大臣などを務めた。明治三十年（一八九七）八月二十四日、五十四歳で没。幕末のころは勝海舟の門で海軍を学んだ後、亀山社中、海援隊で龍馬の右腕として働いた。龍馬暗殺に関係していると疑われた紀州藩出身ということ

もあり、おりょうは陸奥に好感情は抱いていなかったようである。

恋の恨み

龍馬が筑前から伏見へ帰って来る途中、京都四条の沢屋という旅宿へ泊まり込みました。この沢屋の主婦お熊というやつが天下無類の慾張り婆で、お国という娘を陸奥の兄の伊達（紀州藩の家老）の妾にして、金を吸い取っていましたが、事情があって娘を自宅へ引き取り、伊達がおりおり来ては情交を温めておりました。

ところが龍馬が泊まり込んだ時に、お国が懸想《けそう》したか、龍馬が誘ったかは知りませんが、なにしろ水の出花の若い同士、一夜を千夜と契《ちぎ》りました。

かの龍馬を殺害した、三浦休太郎というやつが紀州と会津を往来していたやつで、伊達の手先に使われていたのですから、龍馬とお国の仲をうすうす覚《さと》ったとみえて、伊達に密告したものですから、伊達も心中ちんちんを起こして、それに龍馬とは敵同士で、いろは丸と明光丸と衝突*3した時も手を焼かれた口惜しさと、恋の恨みと、公の恨みをいつか一時に晴らしてやろうと考えていたのです。

龍馬を殺さした者は紀州と会津の内におるので、中には七重、八重の奥深く鎮座ましま

して、「余が」なぞと殿様風《かぜ》を吹かすやつもあるそうです。（反6）

＊3 ●海援隊が大洲《おおず》藩より借りた船「いろは丸」が慶応三年（一八六七）四月二十三日、瀬戸内海で紀州藩船「明光丸」と衝突し、沈没した。談判のすえ龍馬らは紀州藩から八万両余りの賠償金を支払わせることを決める。このため怨みを抱いた紀州藩士三浦休太郎が黒幕となり、龍馬を暗殺させたとの噂が立った。

陸奥の豪遊

龍馬が死ぬと間もなく、陸奥が京都の芸者をおおぜい連れて来て、中の島へ船を浮かべ、菊の御紋の着《つ》いた縮緬《ちりめん》の幕を張りめぐらし、呑めや唄えの大騒ぎ。その中には新選組のやつもいたそうです。

これを聞いた寺田屋のお登勢は、足ずりして口惜しがり、

「龍馬さんが生きていたら頭も上がらない陸奥さんも、目の上の瘤《こぶ》が取れてみると勝手な真似をしやぁがる。龍馬さんや中岡さんを殺したやつらには陸奥さんは、かかりやっては

いないかしら」

と怪しんで、人を頼んで探らしたそうですが、分からなかったそうです。

嗚呼《ああ》、女の義侠、男の変節、世の中はさまざまです。

（反6）

龍馬の墓

龍馬の石碑なども、もとは薩摩で削（刻）ったのです。

私はそれを聞いてびっくりし、海援隊の者に話すと、それは不都合と言って、つづまりその石を薩摩から譲り受けて、海援隊の名義で立てました。*4

（後日譚6）

*4 ●龍馬・中岡・藤吉（従僕）の遺骸は同志たちの手で京都の東山霊山《りょうぜん》に埋葬され、墓碑が建てられた。現在、墓碑を囲む玉垣には「海援隊建之《これをたつ》」と刻まれているのが確認出来る。

◉霊山の龍馬・慎太郎墓（京都市東山区）

西郷の憤怒

龍馬・中岡が河原町で殺されたと聞き、西郷は怒髪天を衝《つ》くの形相凄まじく、後藤[*5]（象二郎）を捕えて、

「ヌイ後藤、貴様が苦情を言わずに土佐屋敷へ入れておいたなら、こんな事にはならないのだ……全体土佐のやつらは薄情でいかん」

と怒鳴りつけられて、後藤は苦い顔をし、

「いや、苦情を言ったわけではない。実はそこにそのいろいろ……」

「なにがいろいろだ。面白くもない。なんだ貴様も、片腕をなくして落胆したろう。土佐・薩摩を尋ねても他にあのくらいの人物はないわ……ええ惜しい事[*6]をした」

と、さすがの西郷もくやし泣きに泣いたそうです。

（反3）

＊5　●後藤象二郎は土佐藩参政で、慶応三年（一八六七）一月以来、龍馬の庇護者だった。

＊6　●晩年、龍馬は身辺に危機が迫っていることを自覚していた。安全のため京都河原町の土佐藩邸に入ろうとしたが、土佐藩はこれを許さなかった。脱藩の前科があったためだろう。そこで薩摩藩は京都二本松の藩邸に入るよう勧めたが、龍馬は土佐藩に配慮して断っている。慶応三年（一八六七）十月十八日、土佐藩士望月清平（亀弥太の兄）あての龍馬の書簡には「万一の時もこれ存じ候時は、主従共にこの所に一戦の上、屋鋪（土佐藩邸）に引き取り申すべしと決心つかまつりおり申し候」との悲壮な決意が記されている。それでも藩邸に入れてもらえないまま約ひと月後の十一月十五日、河原町の商家近江屋で刺客の襲撃を受け横死した。西郷隆盛が怒ったのは、この間の事情を知っていたからであろう。

龍馬死後のこと

慶応三年十一月十五日、龍馬が河原町近江屋新助の下宿で、刺客のために最期を遂げた時は、私は下関の伊藤助太夫の家に妹の君江を連れて同居しておりました。

同年十六日の夜、私は龍馬が全身紅に染み、血刀《ちがたな》をさげて、しょんぼりと枕元に坐っていた夢を見て不思議に思い、

「もしや、夫の身に変でもありはせぬか」

と、人に語らず、ひとり心を苦しめておりました。

すると十七日の夕方、*7 佐柳高次（海援隊）が早馬《はやうま》で下関へ馳せつけ、私の前へ平伏したまま物も言わずに、太息《たいそく》をついていますから、私はさてはと心に覚悟して、色にも出さず、

「佐柳、お前くたびれたろうから次の間で休みなさい。用向きは後で聞くから」

と言いながら、用箪笥《ようだんす》から縮緬の襦袢《じゅばん》を一枚取り出して、佐柳の前に置き、

「道中を急いで汗も出たろうから、これと着がえなさい」

と、辞退するを無理に手を取らせ、佐柳の顔をじっと見つめて、

「お前、これが形見になるかも知れないよ」

と、胸までこみ上げて来る涙を堪えて、きっぱりと言い放つと、佐柳は思わず畳へ顔を

すりつけて、

「姉さん」

と言ったきり、むせんでおりますと、これも早打ちで報知したと見えて、吉井玄蕃は太宰府から、三吉慎蔵は長府から、共に伊藤の家へ到着して、佐柳を別室へ連れてゆきました。時々、

「残念だ」

と言う声がするので、いよいよ龍馬は殺されたに違いないと、私は君江と共にその夜、こっそりと心ばかりの法事をしました。

（反4）

＊7　●龍馬暗殺の報が下関に届いたのは慶応三年（一八六七）十二月二日のこと（同日、三吉慎蔵・印藤聿あて伊藤九三書簡）。それから三吉らは相談のすえ、伊藤家滞在中のおりょうに悲報を知らせたというから、十一月十七日夕方にそれが届いたというおりょうの回顧談は時間的なずれがある。

黒髪を切る

それから七日ばかりの間は、龍馬の死を私に知らさず、ただ酒ばかり呑まして、力をつけておりましたが、私はすでに承知をしていますから、身体は生きていても、心は死んだも同様です。

ようやく八日目に三吉が私に龍馬の死を語りました。もとより覚悟をしていますから、少しも騒がず、九日目に同家の奥坐敷でさらに法事を営みました。

その時、私は助太夫の女房を呼んで、髪結《かみゆい》を呼びにやり、緑の黒髪をすっかり洗い清めさして、仏の前にしとやかに坐り、しばらく合掌していましたが、大鋏《おおばさみ》を手に持つが否や、房々《ふさふさ》と水の滴《したた》るような黒髪を根からふっつり切り取って白紙に包み、仏前に供えて、ワッと泣き伏しました。一坐は水を打ったように静まり返って、首を垂れたまま涙ぐんでいました。

いままで我慢に我慢をして、泣いては女々《めめ》しいと堪えていたものが、いま夫の仏前に合掌して、黒髪を切った時は、龍馬在生中の色々が胸に浮かんで来て、我慢がし切れなくなって、思わず泣き倒れたまま、正体もなく泣き崩れているものですから、三吉は色々にすかして元の坐へつかせ、一同は玉串を捧げて法事をすませました。

（反4）

妹君江の婚礼

そこで三吉は伊藤の家にいるも気の毒だと言うので、私と君江を自分の家へ引き取りました。この時にあけぼのという茶屋で、中島信行・伊藤俊輔（博文）、私の三人が橙《だいだい》の実を短銃で狙撃して終日遊び暮らし、その夜は同家で呑みあかしました。私が戯れに、

武士《もののふ》のかばねはここに桜山*8
花は散れども名こそ止《とど》むれ

と詠んで、中島に示し、

「歌でしょうか、ぬたでしょうか」

と言って大笑いをしました。

また、このあけぼのという茶屋は、桂小五郎の妾と伊

◉奇兵隊が創建した桜山招魂場
（下関市桜山神社）

藤俊輔の妾梅子（下関の青楼、大阪屋の内芸者にて、主人の安なる者が手を付けしを伊藤に押し付けしなりと。この梅子こそ今の伊藤博文令夫人なれ）とが京都あけぼのの出店《でみせ》として（桂の妾は同家の娘ゆえ）招魂社のために建てたそうです。

それからまた都合があって、私は下関奥小路福田屋仙助という質屋の二階を借りておりましたが、まだ長崎の新町には海援隊の屋敷もあり、かつ菅野・高松等もいるのですから、いつまでも人の世話になっていても気の毒というので、中島信行・石田英吉・山本洪堂の三人が、長崎から迎えにきました。

が、私は長崎へ帰るのはいやだから、

「東山（京都）へ家を建てて墓守りをしたい」

と言いましたが、

「ひとまず長崎へ行ってから、京都へ出ればいいではありませんか」

との皆のすすめに、無理にとも言われず、それに君江も年ごろで、すでに菅野とは許嫁《いいなずけ》の仲ですから、それでは長崎で婚礼を済まして後に、京都へ出ようと相談一決して、一同は汽船へ乗り込んで、長崎へ向け出帆しました。その時に石田英吉が、

筑紫がた波も静けき君ヶ代の
　玉浦かけて出《い》づる人かも

長崎へ来てみると高松と菅野とが、青木屋（海援隊の船宿）の娘某（逸名）を二人して孕《はら》まし、父親の詮議最中というので、さすがの私も呆れましたが、娘へは金で話をつけて手を切らせ、菅野と君江とは渡辺剛八（海援隊）が仲人となって、めでたく婚礼*9をさせました。
（反4）

*8 ●おりょうの歌に出てくる下関の桜山は慶応元年（一八六五）以来、奇兵隊が開墾し戦死者の霊を祭る招魂場としていた。

*9 ●菅野と君江の結婚は明治元年（一八六八）四月のこと。菅野二十七歳、君江十六歳。この結婚は龍馬の意志に負うところが大きかったことが、「三吉慎蔵日記」によりうかがえる。

海援隊の積立金

そこで私も足手まといがなくなったものですから、一日も早く京都へ行きたく、この事を菅野らに相談して用意を調え、明治元年五月二十日、夕顔丸という汽船に乗り込んで直行。二十四日大阪へ着し、土佐堀の薩摩屋おりせ（このりせもお登勢に劣らぬ勤王家にて、いまなお大阪に老を養いつつあり）方へ泊まり込みましたところへ白峰が来て、ひとまず土佐へ帰れと言う。私はどうしても京都へゆくと言う。

いろいろごたごたがありましたが、結局墓参だけして国へ帰る事に決し、私は同家を出でて、近江屋新助へ泊まり込み、墓参をしていますと、中島信行が遥来倭助《はるきわすけ》*10（この者は元清国人にて、龍馬が長崎滞在のおり、拾い上げて部下にせしが、ついに帰化していま現に北海道にて開墾に従事しおれりと）を連れて近江屋へ立ち寄り、私に面会して、

「時に姉さん。海援隊には千両の積立金が残っていますが、あなたはそれを貰わないのですか」

と言いますから、

「いいえ、何も貰やしない」

と言うと、

「それなら私が取りはからいましょう」

と、中島は倭助を連れて北海道へゆきました。

のちにこの千両の金を持って（私に渡さず）、菅野覚兵衛・白峰駿馬[*11]・中島信行[*12]の三人が米国へ洋行したのです。

（反4）

*10 ●本書第六章の春木和助のこと。

*11 ●菅野覚兵衛と白峰駿馬がアメリカ留学のため横浜を発ったのは明治二年（一八六九）一月のこと。

*12 ●中島信行が渡欧したのは明治三年（一八七〇）九月のこと。

第九章 流転の日々

❖この章の解説❖

長府藩士三吉《みよし》慎蔵は、晩年の龍馬が最も心許した友のひとりだ。

龍馬が自身の生命の危機を感じた慶応三年（一八六七）五月八日、三吉にあてて後事を託した手紙がある。その中で龍馬は、自分に万一のことがあれば、下関に居住するおりょうの処置や身の振り方を、次のようにして欲しいと依頼する。

「愚妻儀本国（土佐）に送り返し申すべく、然れば国本より家僕及び老婆壱人、御家まで参上つかまつり候。その間、愚妻おして尊家（三吉家）に御養い遣わされるべく候よう、万々御頼み申し上げ候」

土佐の坂本家から迎えが来るまで、長府城下（現在の下関市）の三吉家で世話して欲しいと言うのだ。

龍馬が暗殺されたのは、この手紙が書かれてから半年後の十一月十五日のことである。三吉は龍馬との約束を守り、一時おりょうを引き取った。また長府藩主はおりょうに扶持《ふち》米《まい》を与えたという。

回顧談によると、おりょうはその後、妹君江と菅野覚兵衛を結婚させるため長崎に赴いた。さらに、大阪を経て土佐高知に着いたのは翌年、明治元年（一八六八）四月のことである。

ところが、おりょうは坂本家に馴染めなかった。同年初夏には坂本家を出て、安芸《あき》郡和《わ》食《じき》村の千屋《ちや》富之助家に移った（富之助は妹婿菅野覚兵衛の兄）。

それは、龍馬の兄権平《ごんぺい》に問題があったからだと、おりょうは語っている。あるいは龍馬の姉乙女と不仲だったとも、おりょうの素行が悪かったからだとも言われる（土居晴夫『坂本龍馬とその一族』昭和六十年）。

また、権平は、おりょうを龍馬の「妾」として扱ったという話も伝わる。龍馬とおりょうは恋愛結婚であり、田舎の古い因習に従い正式に結婚したわけではない。だからこそ龍馬は権平や乙女に手紙を書くさい、つねにおりょうの話題に触れた。そうすることで、親しみを抱いてもらい、自分の正式な妻として認めてもらおうと願っていたのだろう。

ある時は、おりょうが乙女に会いたがっていると知らせた。またある時は、絵入り『烈女伝』をおりょうに書き写させ、乙女に贈ると予告した。しかし、龍馬の涙ぐましいほどの努力も、権平や乙女らの古い常識を変えることは出来なかったようだ。

間もなく土佐を去るにあたり、おりょうは龍馬からもらった手紙を処分した（千屋の娘中城仲子談）。筆まめだった龍馬の手紙は、現在百四十通ほどが確認されている。ところがおりょうあては慶応三年五月二十八日付のたった一通しか伝わっていないのは、そのためである。

おりょうの語り

土佐へ行く

私は勝次・幸之助という二人の僕を従えて大阪まで下り、七月十三日、和船で土佐へ向け出帆しましたが、土佐の貞山沖で難船し、九死の内をようやく逃れて、浦戸へ着くべき船が貞山港へ着し、陸上を歩行してようやく高知の坂本の家へ着*1きました。（反4）

◉坂本龍馬

*1 ●おりょうが土佐高知へ赴いたのは明治元年（一八六八）三月のこと。

お乙女姉さん

兄《あに》さん*2は龍馬とは親子ほど年が違っていました。一番上《いちばんうえ》が兄さん（権平）で、次がお乙女《とめ》さん。その次が高松太郎の母。その次がまた女で、龍馬は末っ子*3です。

◉若き日のおりょうとされる写真
（提供・井桜直美氏）

龍馬がつねに言っていました。

「俺は若い時親に死に別れてからはお乙女姉《あね》さんの世話になって成長《ふと》ったので、親の恩より姉さんの恩が太《ふと》い」

大変姉さんと仲好しで、いつでも長い、長い手紙を寄こしましたが、兄さんには匿《かく》して書くので、

「龍馬に遣《や》る手紙を、色男かなんかにやるように俺に匿《かく》さいでもよかろう」

と怒っていたそうです。

伏見（寺田屋での遭難）で私が働いた事を国へ言ってやると言っていましたから、そうしてはあなたが大変私にのろいように見えるから、およしなさいと、止めました。

姉さんはお仁王という綽名《あだな》があって元気な人でしたが、私には親切にしてくれました。私が土佐を出る時もいっしょに近所へ暇乞《いとまご》いに行ったり、船まで見送ってくれたのは、お乙女姉さんでした。

＊2 ●坂本権平は坂本家当主で、龍馬の兄。明治四年（一八七一）七月八日没。五十八歳。
＊3 ●龍馬の兄弟は上から権平、千鶴（高松順蔵妻、高松太郎・坂本直寛の母）、栄（柴田作右衛門妻、のち離婚）、乙女（岡上樹庵妻、のち離婚）が正しい。龍馬は末っ子である。

泣いたお乙女

お乙女姉さんはお仁王と綽名されただけなかなか元気で、雷が鳴る時などは向鉢巻《むこう》をして太鼓を叩いてワイワイと騒ぐような人でした。

兄《あに》（権平）さんと喧嘩でもする時はちゃんとかしこまって、肱を張って、兄さんの顔を見つめ、それはイキませぬ、というような調子でした。

西郷さんが城山で死んだ＊4と聞いた時、姉さんは大声を揚げてオイオイと泣き倒れたそうです。これはのちに聞きました。

（拾遺3）

＊4　●西郷隆盛が西南戦争に敗れ、鹿児島城山で自刃したのは明治十年（一八七七）九月二十四日のこと。

土佐を飛び出す

ところが私は義兄（権平）および嫂《あによめ》と仲が悪いのです。

なぜかというと、龍馬の兄というのが、家はあまり富豊ではありませんから、内々龍馬へ下る褒賞金を当《あて》にしていたのです。

が、龍馬には子はなし、金は無論私より他に下りませんから、私がいては、あてが外れると言って、殺すわけにもゆきませんから、ただ私の不身持《ふみもち》をするように仕向けていたのです。

すでに坂本は死んでしまうし、海援隊は瓦解する。私を養う者はさしずめ兄よりほかにありませんから、夫婦して苛《いじ》めてやれば、きっと国を飛び出すに違いない、その時はおりょうは不身持ゆえ、龍馬に代わり兄が離縁すると言えば赤の他人。褒賞金はこの方の物という心で始終喧嘩ばかりしていたのです。

　これが普通の女なら、苛められても恋々《れんれん》と国にいるでしょうが、元来きかぬ気の私ですから、

「なんだ、金が欲しいばかりに、自分を夫婦して苛めやがる。私しゃあ金なぞはいらない。そんな水臭い兄の家に誰がいるものか。追い出されないうちに、この方から追ん出てやろう」

　という了見で、明治三年に家を飛び出して、*5京都東山へ家を借りました。


（反4）

*5 ●坂本家を出たおりょうは、高知県安芸郡和食村の千屋富之助（菅野覚兵衛兄）を頼り、一時逗留した。千屋家の娘仲子（当時十一、二歳。のち中城淳五郎妻）が昭和十六年（一九四一）に発表した回顧談によると「お龍は仲子を連れて毎日のように千屋の家から二三町離れた山に登り、山をかけずり廻って嬉々として戯れ、龍馬が生前肌身を離さなかった六連発のふところ短銃で、雀を打つのを楽しみとし遊びつ

かれては泉に行き水を飲んでは憩うという有様であった……こうした間にも束の間の念頭を離れなかったのは亡き龍馬のことである。『龍馬が、龍馬が――』と言う言葉の出ない日は一日も無かった」(『坂本龍馬全集』)といった日々であった。その後、京都へ移ったらしい。

強盗、草庵を襲う

明治の御代《みよ》になったとはいえ、まだ人心がおだやかでなく、殊《こと》に徳川方の敗兵が夜、京都市中を横行して、その害を被《こう》むる者がたくさんありました。

夜に入っては誰一人往来する者も無く、婦女子は言うに及ばず、日ごろから向鉢巻の勇み肌の巻舌の江戸の大哥《おおあに》も長屋深く潜み込んで、二合の酒に酔は発しても、大口開いて唄わぬというありさま。昼は紅塵万丈の巷も、夜に入っては村落よりも淋しいくらいです。

私は国(土佐)を飛び出して、東山(龍馬の墓)の片畔に、いささかの草庵を結び、念仏三昧に日を送っておりました。

ある夜の事です。夜風が楓《かえで》と杉の木立を掠《かす》めて、梟《ふくろう》の声哀れに四更《しこう》(丑《うし》の刻)を告ぐる寺の鐘の長く尾を曳《ひ》いて消えゆくころ、背戸《せど》の方に人の来る気配がしますから、はてなと

耳聳立《そばだ》て、気を沈めておりますと、突然がらりと戸を排して、入って来た二人の強盗、矢《や》庭《にわ》に私の胴先へ白刃を突きつけて、

「やい、静かにしろ。衣服はもちろん有り金残らず出してしまえ。吼《ほ》え立てると叩き斬るぞ」

と脅しましたが、私は平気なもので、いままでずいぶん白刃の下や死地へも赴いた身ですから、びくともしません。襟かき合して強盗を見上げ、

「なんです、金が欲しい。ほほほほ、静かになさい。近所の人が目を醒《さま》すと面倒ですよ。さあ、私といっしょにお出《い》でなさい。沢山はありませんが、百両くらいはありますから」

と、もとよりないは承知の前で、先に立って納戸へ入りましたから、強盗も相手が怖れるとか、縮み上がるとかすれば張り合いがあるが、案外に平気で出られたので、少し狼狽《うろた》えながら、後ろからついてきますと、私が納戸を明けて取り出した包物一個。強盗が受け取って、中を改めている隙を覗《うかが》い、手早く取り出した短銃を不意に轟然一発、撃ち放ちましたから、いや強盗ら驚くまい事か、「うわっ」と叫んで次の間へ転げ出し、白刃も鞘《さや》も投げ捨てて、命からがら元来た道を雲を霞と逃げ去りました。

（続反4）

五条の公卿

京都東山へ家を借り、仏三昧に日を送っていましたが、坐して食えば山も空《むな》しで、蓄えは尽きてしまい、ついには糊口《ここう》に苦しむようになりました。

なぜかというに、この時分には前にも言ったとおり、海援隊は瓦解して散々《ちりぢり》ばらばらで、誰も私に米や金を送ってくれるものがなかったのです。

すると五条の公卿《くげ》が気の毒に思ったか、月々米を送ってくれますので、私もようやく安心してしばらくおりますと、五条家で毎月米を送るも面倒ゆえ、いっそ当家へ来てはいかがかと言う。また内々で知らせてくれる人があって、

「五条のお殿様はおりょうの容色に迷っておられるから、うっかり行くと操《みさお》を破られる」

と言う。私は、

「馬鹿殿様が何を言うか、貧乏公卿へゆくくらいなら、舌を噛んで死んでしまうわ」

と、無談で東京へ志しました。

（反4）

闇夜の山路

私は東山の草庵を出て、江戸をさして登りましたが、頼む人もなく、菅の小笠に半身を隠して、暁起きに道を急いでは、夕に泊まりの数を重ねて、ようやく伊豆の三島へ辿りついたころは、今でいえば午後の三時ころでした。

まだ日は高し、足もさほど疲れませんから、いっその事、合の宿まで行って泊まろうと、また足を早めて、玉くしげ箱根の山路にかかりましたが、女の足の運びも遅く、休み、休み登りますので、刻《とき》の経つのは早いもの。いつしか霧のような暮靄《くれもや》は、見渡す山また山の頂きを包みはじめました。

ようやく山腹まで来たところで、日が暮れては心配だ、こんな事なら三島へ泊まればよろしかったにと、いまさら悔やんでも詮《せん》なく、ええ、いかなるものか行ってみようと、追々暗くなる足元に気をつけながら登ってゆきますほどに、日はまったく暮れて、闇の夜ですから、一寸先も見えぬというくらいです。

道は険しく、提燈《ちょうちん》はなし。人は通らず、ただ聞こえるものは、松にあたる夜嵐の響きと、岩に激する谷川の音ばかりで、さすがの私も少しは心細くなって来ましたが、我と我心を励まして、なおも手探りにほとんど這うようにして登ってゆきました。

すると何か手に触れるものがありますから、

（はて、何であろう）

と、思いながら、二足ばかり離れましたが、なんとなく気にかかって、いま一度探ってみたいような気がしますから、またさぐり寄って触ってみますと、衣服の袖のようですから、たぐりながら近寄ってなで廻すと、人が立っているようです。

おやっと、一時は驚きましたが、はてなと、また大胆にもさぐり寄って撫でまわすと、首に縄がついていて、足は浮いているようす。おやっと、二度びっくり。思わず二、三歩退く途端《とたん》に、足すべらして五、六間坂下へ転げ落ちました。

白昼でさえ縊首《いしゅ》者に出逢うのは、あまり気味のよい事ではないのに、殊に闇の夜の、人通りのない山路で探り当てたのですから、私は立ちすくんだまま行く事もならず、しばらくはいかがしようかと考えておりましたが、いつまでここに立っていたとて、しようがなし、どのみち行くものなら、一時も早く合の宿へ着くが得策と、かえって勇気が出て、今度は他の物に気をおかず、一所懸命に歩みだしてようやく合の宿へ辿りつき、早速宿をもとめて、ひとまず吻《ふん》と息をつきました。

（続反4）

◉西郷隆盛銅像（東京・上野恩賜公園）

西郷さんと会う

海道百五十里を野に伏し山に寝て、ようやく東京へ辿り着き、霞が関の吉井友実の家を訪《おとの》いました。

おりよく西郷さんが来合わせて、共に二階で私は今までの有り様を落もなく物語り、「私ひとりの身ならばまたどうにもなりますが、大阪にいる母や妹の光枝や大一郎の三人を養わなければなりませんから、どうか身の振り方をお頼み申します」

との事に、西郷さんも同情を表して金子《きんす》二十円を私にくれ、「私もこのたび征韓論の事*6で大久保（利通）と論が合わず、よってひとまず薩摩へ帰って百姓をするから、再び上京した時には、きっと腕にかけてもお世話はしますから、それまで待ちなさい。これは当分の小遣い。ああ、お前さんも、いかい苦労をしましたのう」

と、涙を流して帰られましたが、後に城山で討ち死に*7したと聞き、私は泣き倒れました。

ああ、龍馬の朋友《ほうゆう》や同輩もたくさんいましたが、腹の底から深切であったのは西郷さんと勝さんと、それから寺田屋のお登勢の三人でした。（反4）

＊6 ●明治六年（一八七三）十月、西郷隆盛らが主張した、いわゆる「征韓論」がくずれた。このため西郷は参議・近衛都督《このえととく》を辞し、十一月、鹿児島に帰郷した。このころの話だろう。

＊7 ●その後、西郷が東京に戻ることはなく、明治十年（一八七七）二月、西南戦争を起こすも敗れ、同年九月二十四日、鹿児島城山で自刃した。五十一歳。

高松太郎の不徳

私が国を飛び出して東京へたどり着き、西郷さんに面会して、身の振り方を頼みましたが、

「おりあしく国へ帰る矢先であるから、再び出京した時にきっと御世話をしましょう」

と、言われて少しは望みを失いましたが、ある日、高松[＊8]の門前[＊9]を通りましたので、ちょ

っと立ち寄ろうと案内を乞いますと、妻のお留が出てきて、私を一目見ると面《つら》を膨らしながら、

「なんの用でご来臨なさった」

と、上へあがれとも言わず、剣もほろろの挨拶に、私も内心不平を抱きながら、

「どうか坂本（高松は当時、坂本直《なお》と名のっていた）さんに逢わして下さい」

と言いますと、奥から高松が出て来まして、

「おりょうさん、お前さんはもはや我々坂本家に関係のない人じゃありませんか。なんの御用かは知らないが、どうかお帰りなさって下さい。この後訪ねて来ても逢いませんぞ」

と、不人情極まる言葉に私も呆れ果てて、

「ええ、ようございます。お前さんのような人で無しとはもはや口も利《き》きません。顔も合わしません。さようなら」

と言い捨てて、帰って来ましたが、かの時ほど口惜しかった事はありませんでした。

（続反2）

＊8 ●高松太郎は龍馬の長姉千鶴の長男。叔父龍馬に従い、勝海舟に海軍を学び、亀山社

中、海援隊に参加する。明治四年（一八七一）八月、朝廷の沙汰により龍馬の跡を相続して坂本直と改名し、官吏となる。明治三十一年十一月七日没、五十七歳。

＊9　●高松は東京では四谷に住んでいたという（土居晴夫「高松太郎」『坂本龍馬　海援隊士列伝』昭和六十三年）。

心細き時

何が一番心細かったかといえば、西郷さんに別れて霞が関を出た時が一番心細かった。何が今では家もなし、金はあるとはいえたった二十円。頼る人もなければ、これと思う親切な人もなし。

親や妹弟は引き取って養わなければならず、この先、どうしようかと思い出すと悲しくなって、人通りの少ない町へ来ると、木蔭へ忍んで幾度か袖を絞りました。が、助ける神もあればと、気を励まして高輪《たかなわ》まで来ますとひょっくり、橋本久太夫（海援隊の一人）に逢いましたが、

「まあまあ、当分私の家へ来ていなさい」

と、親切に世話してくれて、女房とも何くれとなく面倒を見てくれますので、私は

ひと息つくことができました。嗚呼《ああ》地獄で仏とはこの事でしょうと、先日も笑いながら話しました。

（続反2）

第十章　おりょうの生い立ち

❖この章の解説❖

おりょうの父は、京都の医師楢崎将作である。青蓮院宮《しょうれんいんのみや》家の侍医で、京都柳馬場《やなぎのばんば》三条下ル付近で開業していたという。天皇の権威復活を望む勤王派シンパだったようで、頼《らい》三樹三郎《みきさぶろう》らと交流があった。将作の長女おりょうが、龍馬の活動を理解したのも、そうした家庭環境が影響していたのだろう。しかし将作は安政の大獄で禁固に処され、その後釈放されるも、文久二年（一八六二）一月二十日、五十歳で病死した（鈴木かほる『史料が語る　坂本龍馬の妻お龍』）。京都蛸《たこ》薬師の西林寺《さいりんじ》に葬られたという（西林寺は昭和四十四年〈一九六九〉、京都市左京区八瀬秋元町へ移転した）。のちに龍馬は「奈良崎《（ママ）》将作に逢ひし夢見て」と題し、「面影の見えつる君が言の葉をかしくに祭る今日の尊さ」と詠み、岳父を偲んだ。

　楢崎家の先祖は、おりょうが語るところによれば長州藩士だったという。確かに長州藩（萩藩）に楢崎姓は多い。維新前後の記録を集めた『萩藩給禄帳』（昭和五十九年）を見ても、十五家を数える。うち十三家が藩主側近を務める資格を持つ大組（馬廻り）だ。『角川日本姓氏歴史人物大辞典』（平成三年）には「楢崎」につき、「萩藩士には藤原姓・源姓の楢崎氏があるが、いずれも同族と思われる」として、次のように説明する。参考までに少し長いが引用しておく。

「湯原親王の末流湯原義広の次男豊信が萩藩士楢崎氏の大祖とされる。義広は源為義の四男で、為義の末流とも称した。豊信の子信康は大和国宇多郡を領し、その子清信の時に宇多と称した。豊信の六代豊武は足利尊氏に属し、功によって備後国芦田郡久佐村の地頭職に補され、同所の楢崎城にちなみ、宇多を改め楢崎と称した。一説には近江国犬上郡楢崎村（滋賀県）に居住して在名を称したともいう。豊武の孫満景の時に二条関白藤原師嗣の縁者として源姓を改め藤原姓を称した。満景五代の子孫通景の長男豊景は毛利元就に属し、豊景の長男信景は大組二家の祖、三男景好は大組二・物頭組・遠近付の祖、五男景忠は大組・手廻組・無《む》給通《きゅうどおり》の祖となる。供従士の祖は松平出羽守家中の滝助太夫といい、毛利綱広の時に新規召し抱えとなり、のちに楢崎家から婿が入り、楢崎を称した」

おりょうの語り

将作夫婦の戒名

楢崎将作の先祖は長州の武士で、将作の祖父の代になってから、少しの事で領主の怒りに触れて諸国浪々のすえ、京都へ足を留めて剣道の指南をしていました。

将作の代になって長袖《ちょうしゅう》（医者）となり、青蓮院宮の侍医に選ばれ、近江八日市重野庄兵衛の娘お貞を娶《めと》って、五人の子をもうけました（長女おりょう、次女光枝《みつえ》、三女君江、長男健吉、次男大一郎）。

将作はつとに勤王の志あつく、諸国の浪士と交わりを結んでおりましたが、文久二年戊[*1]六月二十日、京都三条下ル柳馬場の寓居《ぐうきょ》で病死しました。戒名は「洞仙院本学将還豊毘居士」、享年は五十。墓は寺田の西林寺にあります。

お貞は夫に死に別れて色々苦労をしましたが、私が龍馬の妻となってからも、「自分や子供の事は心配せずと、女ながらも夫に力を添えて、お国のために奔走せよ」と娘を励まし、自分は大坂へ行ったり、杉坂へ帰ったりしておりましたが、後に私に養われて、明治二十四年一月三十一日、当三浦郡豊島村字深田で病死しました。戒名は「孝室妙照大姉位」、享年は七十三。墓は同群大津村の信楽寺《しんぎょうじ》にあります。

（反6）

＊1 ●鈴木かほる『史料が語る　坂本龍馬の妻お龍』によれば一月という。

将作の悔悟

誰しも一ぺんは女色に迷うもので、石部金吉の本家本元と噂をされた楢崎将作も、京都祇園町の歌子という芸者に現《うつつ》を抜かして、少なからぬ財を費やした事がありました。

まだ将作の母が生きている時で、将作が二十五の歳でした。お定まりの悪友に誘われて一夜、祇園で大散財をして、ついには今でいう待合のような所へ酔い倒れて、前後も知らず寝ておりましたが、ふと目が覚めて枕元を見ますと、知らぬ家に寝ているばかりか、宵

に侍した歌子という円《まる》ぼちゃが、寝巻姿のしどけなく坐って、羞《はず》かしそうに顔赤らめながら、

「あなた、お水でも上げましょうか」

と言う顔の、憎きほど色白く、ほんのりとさした桜色の、えも言われぬ匂いですから、そこは木石ならぬ人間の将作も、つい可愛くなって、知る者は垂涎《すいぜん》十丈という仲になったものですから、さあその後は雨が降っても、風が吹いても、烏鳴かない日はあっても、将作の通わない日はないというくらいで、もっとも少しは財産もあるので、金に困らないところから、せっせと通い詰めていましたが、

（やはり野に置け蓮華草とは言うが、かの商売では時によれば、仇な人の眺めにならぬとも限らず、こりゃぁ宜《よろ》しく手折って床の眺めに、己《おの》れ一人楽しまん）

と、変なところへ気を廻して、ついには落籍させて、お定まりの猫一疋に婆一人、磯で曲り松港で雌松、中の祝町が男松を朝寝の床から見越しながら、いそ節唄わせる身分にして、あいかわらず妾宅通い。嬉し涙と涎《よだれ》とを盃の中へ垂らしこんで、そのまま ぐっと呑みほし、

「この酒は馬鹿に水っぽい。もっとよい酒を買っておいで。そのついでに魚屋へ寄って刺

身に、洗いに、塩焼きに、それから牛肉も買って来な」

と、さんざん馬鹿を尽くしておりました。

ところが人間は悟る時は、意見をしなくても悟るもので、ある日例によって歌子の顔を見ながら、一杯呑もうと家を出て妾宅へ来てみますと、歌子は火鉢に寄りかかって、草紙を見ていましたが、婆が、

「御新造さん。八百屋に二百文遣るのですが」

と言いますと、

「そうかえ」

と言いながら簞笥から青銭《あおせん》（寛永通宝）を取り出し、二百文抜いて婆に渡して、あとの金をぶんと投げ込んで、足で引き出しを閉めました。

これを見た将作は、

「ああ、俺が悪かった。なるほど芸娼妓は卑《いや》しい者だ。いくら姿が美しいからといって、今の行為は何事だ。ほとんど女としてなすまじき事だ。ああ、こんな者にかかり合っていたら、末始終《すえしじゅう》が思いやられる」

と、初めてここに将作はまったく迷いの夢が醒めて、その場でただちに手を切って、の

ちに近江八日市の重野重兵衛の娘をめとって、夫婦仲よく暮らしました。それがすなわち、私の母お貞です。（続反1）

祖父のこと

私の祖父は、楢崎大造という人です。この大造の父は、もと長州の藩士でしたが、落ち度があって永《えい》の暇《いとま》となり、諸国浪々のすえ京都へ流れついて、少しばかりの親類をたよりに三条の裏街へ借家して、売卜者《ばいぼく》と姿をやつし、朝夕の煙も心細く送っておりました。

そのうちにふと妻が、懐妊しましたので、辛《つら》い中にも心嬉しく、臨月を指折り数えて、

「どうか安産してくれればよいが」

と、心に神仏を念じながら待っておりますと、案じるより生むがやすく、玉のような男の児が生まれましたので、夫婦はいまさらのように喜びまして、大造と名づけ、寵愛しておりました。

が、悪い時には悪いもので、ちょうど大造が三歳の時に、父はふと風邪の心地と打ち臥《ふ》しましたが、それからはぶらぶらと寝たり起きたり、しかし重病というほどではありませ

んが、なにしろ売買の方が暇になるので、妻は他人のすすぎ洗濯から、夜は遅くまで乳呑み児を抱いて、行燈の下に裁縫《さいほう》して、どうかこうか、粥《かゆ》でも啜《すす》っておりましたが、なにを言うにも貧乏世帯の上に、三界の首枷《くびかせ》という足手まといがあるものですから、気ばかりは焦っても、思うようには動けません。夫とても気分のよい時には往来へ出て、些少《さしょう》の金はつかんで来ますが、それとても出ぬ方が多いので、ついには親子が餓死するほどになったものですから、ある時夫婦が鼻つき合して、

「とてもこのままでやっていては、死を待つようなものであるから、可哀想ではあるが一時大造を里子にやって、少し都合がよくなれば、また取り戻すようにして、一時は辛いが思い切って、やろうじゃないか」

「それならやりましょう」

と、ここで相談が決まったものですから、人に頼んで口を探しておりますと、ここに酒屋をやっている老夫婦が（惜しいかな名を逸す）、ひとり子供が欲しいというので探していると聞き、さっそく恥を忍んで面会し、事情を打ち明かして、

「どうかしばらくの間お預かりください」

と、頼みましたので、老夫婦も気の毒に思い、それに子の欲しい矢先ですから、一も二

もなく承知して、大造を引き取り、わが子のように可愛がっておりました。

その後四年程経って、不意に本国（長州）から使者が来まして、帰参がかなったという。夫婦は夢ではないかと呆れるばかりに喜びまして、さっそく殿より賜わった支度金で衣服を調えて着用し、こればかりは餓えても肌身を放さぬ魂二本を差した男振りは、さすがは元が武士だけに、つづれに埋った玉を磨《みが》き上げたような出世、国へ帰れば槍一筋の身分。大造も多くの下女下男に坊様と傅《かしず》かせたら、さぞ嬉しい事であろうと、さっそく人をもって大造取り戻しを申し込みました。

が、大造はまだ七歳の頑是《がんぜ》のない子供ですから、老夫婦を真実の親と思って、

「これがお前の真実の親だ」

と言い聞かしても、聞きわけません。

「いやだ、いやだ、坊は知らないおじさんと他《よそ》のお国へ行くのはいやだ」

と、果ては老夫婦に縋《すが》りついて泣き出す始末。で、老夫婦も子はなし、大造を我が子のように可愛がっているものですから、内々は手放したくないのです。そこで大造がいやだと言うを幸いに、渡りに舟と膝を進めて、

「お前さん方は若いし、またこの先、子の出来る楽しみはあるが、私達はご覧の通りの年

寄りで、子の出来る事は無し。ただこの子を楽しみにしていたが、今この子を取られては、どのように心細い事か。第一この子も私達を真実の親と思っているから、どうか思い切って、この子を私達に下さらぬか。ご承知の通り少しばかりの財産もあり、決してこの子に不自由はさせません。この家はきっとこの子に譲って、立派な商人に仕上げますから」

と、泣くように頼まれて、たってとも言えず、

「それではこの子を捨てたと思って、あなたに上げましょう。が、どうか真実の親がある事は言って下さるな」

と言う。よろしいと相談が決まって、大造の父母は心ならずも可愛い子を京都に残して、長州へ帰りました。

（続反3）

松山の修行

さあ、老夫婦の喜びは一方《ひとかた》ならずです。

今までは預り子であったが、これからは自分の子になったので、どうかこの子を養育して、ゆくゆくはこの家を譲り、自分達は隠居して、左団扇《ひだりうちわ》で暮らそうと思うので、言うが

ままの書籍なども買うてやり、また店の小僧と共に御用聞きにも廻らせて、ひたすら成長するのを待っておりました。

ところがこの大造、元が武士の子だけに非常に剣術が好きで、そのころ京都に江良某という剣客が道場を開いていましたが、御用聞きの帰りには必ず道場へ入り込んで、見ておりました。

で、急ぎの御用があっても、そんな事には構いなく、しかと竹刀の変化を見定めておいて家へ帰ると、燈火の下に医書を繙《ひもと》いて夜の更けるのを待っております。やがて店も仕舞い女中や小僧は早や白河夜船の高枕という時分をうかがい、書斎を出て、雨戸を音せぬように開け、庭下駄をはいて、物置きから取り出した竹刀を二、三度振って、そっと裏からおよそ一丁ばかりもある松山へ来て、松の木を相手に、見て置いた竹刀の変化を実地に自修しておりました。

こういうふうにして十四の春まで、家の者に悟られず、ひそかに修行した甲斐があって、今はほとんど目録くらいまで叩き上げましたが、慎み深い人ですから、決して人には剣術を知っていると夢にも言わず、黙々としているので、誰一人それを知る者もありませんでした。

のち十五の年に、江良の道場でふとした言葉の行き違いから、ついに門人と立会いましたが、みごと大の男を三人まで打ち負かした手腕を見た江良が、行く末頼もしい奴と、大造を呼び入れて師弟の盃をしましたが、この時にあらためて江良が大造の実の父の父母の親族なる事を明かし、身を入れて教えた甲斐があって、ついには免許皆伝してしばらく代稽古をさしておりました。

まもなく老夫婦が死亡しましたが、元来大造は商売が嫌いですから、老夫婦の遠縁の者をもって跡を継がせ、自分は医者となって妻を迎え、不自由なく暮らしておりました。

（続反3）

父将作の誕生

やがて男の子が生まれましたから、将作と名づけ寵愛しておりましたところへ、一人弟子になりたいと申込んできた坊さんがあります。誰であろうと立ち出て見ると、西林寺の住職で今弁慶《いまべんけい》という人です（本名は知らず。この坊主力強く、腕力家なりしかば、人呼んで今弁慶という）。

大造も今は長袖（医者）の身で、竹刀は当分執《と》らんつもりですが、この坊主を教えたら面白かろうと、さっそく承知して三年間教えましたが、ついには五分五分の腕前になって、師弟の情交日に日に密でした。

和漢の書に通じ、剣道は達人、かつ医者が専門の大造ですから、諸大名から召し抱えたいと申込んできても、決して五斗米《ごとべい》には腰を折らぬと辞退して、一生町医で送りました。六十五で死亡して、墓は西林寺にあります。施主《せしゅ》はかの今弁慶で、碑に「楢崎大先生の墓」と記してあるそうです。

（続反3）

父のこと

私の父は楢崎将作というのです。

青蓮院様の侍医でしたが、漢学は貫名海岸先生に習ったので、あの梁川星巌《やながわせいがん》*2やその妻の紅蘭《こうらん》*3も同門でした。また頼三樹《らいみき》*4さんや池内大学*5などとも親密で、私が小さい時分には、よう往《い》き来していました。*6

（後日譚4）

＊2　●梁川星巌は美濃の人で、漢詩人。江戸で「玉池吟社《ぎょくちきんしゃ》」をつくり名声を上げ、京都に移り勤王家として知られた。安政五年（一八五八）九月二日病死、七十歳。

＊3　●梁川紅蘭は安政の大獄で捕えられたが半年で赦された。

＊4　●頼三樹三郎は儒者。頼山陽《さんよう》の息子。幕府に批判的だったため安政の大獄に連坐し、安政六年（一八五九）十月七日、処刑された。三十五歳。

＊5　●池内大学（陶所《とうしょ》）は近江の人。儒者。幕府を批判したが、安政の大獄では自首したため軽罪で済んだ。このため同志から白眼視され、文久三年（一八六三）一月二十三日、暗殺された。五十歳。

＊6　●安政の大獄のころ、梁川・頼・池内に梅田雲浜《うんぴん》を加えて、幕府は「悪謀の四天王」と呼んでいたと伝えられる。彼らと親交があったとすれば楢崎将作もまた、幕府から睨まれて当然であろう。

大坂での武勇伝

私と母と妹二人が父親に死に別れて、一家は落魄《らくはく》し、京都の木屋町《きやまち》にいたころでした。私が用あってよそへ行った留守に、ある日の事、下河原の芸者屋の玉家という家の女将《おかみ》でお吉という狼婆が訪ねて来て、お貞に面会し、まず将作の死亡した悔やみをのべて、以前種々世話になった事や生前の逸話なぞをかつぎ出したすえに、

「私もいろいろお世話になりましたから、どうかして御恩報じをしたいと思いますが、ついては大坂のさる大家《おおだな》に、小間使いが欲しいと探しているを幸いに、どうでございます。お宅も失礼ながらお困りのようですから、光枝《みつえ》さんをおやりになっては。なあにあなた、向うは御大家の事ですから、決して御心配にはおよびません。そうすればあなたもお楽になり、第一光枝さんも、先へいって出世をするようなものですから、すべては私が取りはからってよろしいようにしてあげます。おやりなさい、おやりなさい。こういうよい口は、またとありませんよ。ほほほほほ」

と、爪をかくした猫撫声《ねこなでごえ》に、お貞はうかと乗せらて、

「それではどうかよろしくお願い申します」

と、承知しましたので、狼婆め、（しめた）と腹の中で笑いながら、愛嬌のあるだけ振りまいて、光枝を拉《つ》れてゆきました。*7 そんな事とは知らぬ私は帰ってみると、妹の光枝がいませんから、どうしたのかと母に聞くと、これこれと理由を話しましたので、

「そりゃ大変です。かの婆が一通りや二通りの悪婆じゃありませんよ。彼女の手へ渡した

ら最後、満足では帰ってきません」

と、聞いて母もふさぎだし、

「おりょう、どうしたらよいだろう」

と早や涙ぐんで、おろおろしていますから、私は、

「よろしい、お母さん。ご心配なさいますな。私が行って、取り返して来ますから」

と、金子《きんす》を調《ととの》えて、まずお吉の家へゆき、ここで亭主と言い争った末に、いよいよ大坂の居処が知れて、私は大坂へ渡り、ドブ池という所にお吉と他に男が三人無頼漢《ごろつき》ふうのやつが光枝を取りかこんで、何か言っておりますところへ、突然坐り込んで白眼み廻すと、さすがの四人も不意に私が来たので、ただ呆然としておりました。私は軈《やが》て口を開き、

「おい、お前さん方はなんたって妹をこんなところへ連れてきたんです。母に聞けば大家へ小間使いにやるとかいうそうですが、私の眼の黒い内はめったに妹をよそへはやりませんよ。さあ、私が妹を連れて帰りますから、そのつもりでいて下さい」

と、立ち上がって妹の手を執ると、一人の男が矢庭《やにわ》に私の腕を捉《と》らえて、

「やい阿魔《あま》、何でい。この女をどうするというんでい」

と、目を怒らせて、いまにも飛びかからん勢い。私は平気で、

「なんだとい。この女をどうする？　フン、自分の妹を自分が連れてゆくに、なにがどうしたとお言いだい。ふざけた事を言いなさんな。てめえ達はなんだい。気の毒だが、真白昼往来を両手振って歩ける身分じゃあるまい。いけずうずうしい畜生だっ」

と、もはや怒り心頭に発しているものですから、思い切って男の横面《よこつら》を火の出るほど撲《なぐ》りました。

「おやっ」と他の二人が立ち上がろうとするやつを、傍らにあった火鉢を執って投げつけますと、ぱっと上がる灰神楽《はいかぐら》、当意即妙の目つぶしに三人とも目をやられて、言い合わしたように台所へ馳せゆく隙を窺い、光枝の手を執って表へ出ますと、お吉婆が背後から、帯を捉えて引き戻そうとするやつを、「エイッ」と蹴飛ばして逃げ出し、八軒家《はちけんや》*8の京屋という船宿に飛び込んで三十石船に乗り、京都へ帰って、我が家へ着きました。

（続反４）

*7　●おりょうの妹光枝（当時十六歳）は大坂へ連れてゆかれ、女郎にされようとしていた。これを取り戻しに行ったおりょうの武勇伝は、龍馬も面白がって慶応元年（一八六五）九月九日、姉乙女・おやべあて書簡に記している。刃物《はもの》を懐《ふところ》に乗り込んだ

おりょうは、刺青をした「わるもの」の胸ぐらをつかみ、顔を打ち「殺し殺されにはるばる大坂にくだりておる。それはおもしろい。殺せ、殺せ」と言ったというから、凄まじい気性の女性だったことが分かる。光枝はのち海軍下士官中沢助蔵に嫁ぎ、横須賀に住んでいたが未亡人となった。明治半ばころ、おりょうは光枝を頼って横須賀に移り住んだ。

＊8 ●八軒屋（現在の大阪市中央区）は、淀川を往来する三十石船の発着点。

君江を取り戻す

するとまた今度は少妹の君江がいませんから、またどうしたか聞くと、母は、

「昨日、中根のおつぎさんが来て、今度舞《まい》の会があるから、君江さんを貸してくれと言うて来たから、貸してやったが、まだ帰って来ない」

と、眉をひそめていますので、私は二度びっくり。

「じょうだんじゃないお母さん、あの人に君江を渡しちゃ、ろくな事はしませんよ。ありゃ他の家の娘をだまして連れて行っては、芸娼妓に売り飛ばして金にする悪い奴ですよ。お待ちなさい。また私が行って連れて来ますから」

と、急いで中根の家へ行って種々談判のすえ、ついに連れ帰って、ひとまず安堵しましたが、このままこの家にいてはまたどんな事が持ち上がるやも知れずと、人を頼んで光枝を公卿伏原《ふしはら》家に奉公させ、君江を大仏の加藤という本陣へ預けてしまいました。*9

（続反4）

*9 ●君江（起美）はのち弟大一郎と共に勝海舟に預けられた。さらに姉おりょうと共に長崎や下関に赴く。十六歳の明治元年（一八六八）三月、海援隊士菅野覚兵衛と結婚した。龍馬は君江のことを「殊《こと》の外《ほか》の美人」（慶応元年九月九日、乙女・おやべあて書簡）と評している。

残るは写真のみ

龍馬の書いたものも、日記*10やら短冊やらぼつぼつありましたが、日記は寺田屋のお登勢が持って行くし、短冊は菅野が取って行きましたので、私の手元にはこの写真一枚だけしかありません。

それからひとつ掛け軸がありました。これは龍馬が死ぬる少し前に越前へ行って、三岡《みつおか》八郎[11]（由利《ゆり》公正《きみまさ》）さんに面会した時くれたのだそうで、私は大事にして持っておりましたが、いつか妹が取って行ったなり返してくれませぬ。
私はこの写真を仏と思って、毎日拝んでいるのです。

（拾遺3）

◉晩年のおりょう

*10 ●慶応元年（一八六五）ころの龍馬の日記として「坂本龍馬手帳摘要」が岩崎英重編『坂本龍馬関係文書』第二（大正十五年）に収められている。

*11 ●三岡八郎は福井藩士。横井小楠《しょうなん》の指導下、藩財政改革を推進した。慶応三年（一八六七）十月、龍馬は福井に三岡を訪ね、新政権の財政につき談じている。維新後は東京府知事などを務め、明治四十二年（一九〇九）四月二十八日没、八十一歳。

三十三歳の昔

私も蔭になり、陽《ひなた》になり、いろいろ龍馬の心配をしたのですから、せめて自分の働いただけの事は、皆さんに覚えていてもらいたいのです。

この本（坂崎紫瀾『汗血千里駒』・弘松宣枝『阪本龍馬』）のように誤謬《ごびゅう》が多くっては、私は本当に口惜《くちお》しいですよ……。

◉信楽寺のおりょうの墓

私は土佐を出てからは、一生墓守りをして暮らすつもりで京都でしばらくおったのですけれど、母や妹の世話もせねばならずといったところで、京都には力になるような親戚もなし、東京にはまだ西郷さんや勝さんや、海援隊の人もぼつぼついるので、それを頼りに東京へ来たのですが、西郷さんはあの通り……、中島や白峰は洋行しておらず……ずいぶん心細い思いもいたしました。

私は三日でもよい。竹の柱でも構わぬから、今一度京都へ行って、墓守りがしたいのです。が、思うようにはなりませぬ……。

龍馬が生きておったら、またなにとか面白いこともあったでしょうが……、これが運命というものでしょう。死んだのは昨日のように思いますが、早や三十三年になりました。

（後日譚6）

特別収録一　時代の中のおりょう像

無名だった龍馬とおりょう

誕生すれば父親に従い、結婚したら夫に服従して舅姑に仕え、老いては息子に従うのが最大の美徳とされた江戸時代の女性観は、近代国家を目指してスタートした明治日本の中に、まだまだ根深く残っていた。

だが一方で、新しい時代の空気を敏感に感じ取り、活発に動き始める女性もいた。明治三年（一八七〇）のある日、「断髪の美女、東京市中を馬でかっ歩」という記事が新聞を賑わしたりして、政府は女性の断髪を禁じている（加美芳子『はじめて出会う女性史』平成八年）。

明治初期、幕末の「政治家」や「志士」の活動を陰から支え、尽くした妻や恋人たちにも光が当たり始める。そのような女性を百人も紹介した岡田良策編『近世名婦百人撰』上下（明治十四年）が、出版されたりした。だが、その中に坂本龍馬の妻おりょう（楢崎龍）は入っていない。

もっとも、夫の龍馬もこの時期は、宣伝マン不在のためまだ無名の存在で、たとえば「幕末の志士」など百人の略伝と肖像、歌を集めた染崎延房編『義烈回天百首』（明治七年）にも入っていない。「志士」の人気投票でも行えば、現代ならば間違いなくトップに輝く龍馬も、当時はベスト一〇〇の圏外だったというのが面白い。

破天荒な龍馬とおりょう

「無名」だった龍馬の名が一躍「有名」になったのは、土佐の自由民権運動家である坂崎柴瀾が著した講談小説『汗血千里駒』（明治十六年『土陽新聞』に連載、のち単行本化）が大ヒットしたからである。坂崎が描いた自由と平等を求める龍馬の活躍は、実は自由民権運動のプロパガンダだったのだが、書き手側の政治的思惑を超越し、全国に広がり人々の心を掴んでゆく。こうした「龍馬像」は虚実は別にしても、現代まで脈々と受け継がれているると言えよう。

『汗血千里駒』によって当然、妻おりょうも注目された。伏見で龍馬が捕吏に襲われそうになった際、入浴中のおりょうが浴衣を打ち掛けて注進したといった「見せ場」も、すでに描かれている。あるいは書生と共に霧島山に登り、天孫降臨伝説《てんそんこうりんでんせつ》にちなむ「天の逆鉾」を抜き捨てたため、後日龍馬からこっぴどく叱られたといった逸話も出て来る。

以後、いかにも龍馬とお似合いの、破天荒で勝ち気なおりょう像が広まってゆく。もっとも、当時存命していたおりょうは、『汗血千里駒』の内容に不満だった。その思いが明治三十年代、本書で紹介した「反魂香」「千里駒後日譚」などの回顧談を生む。

しかし以後、おりょうのような自由奔放な女性像は時代にそぐわなくなってゆく。富国強兵をスローガンとする明治政府は年を追うごとに国民に服従を強要し、封建的な「良妻賢母」こそが理想の女性像であると決めつけるようになった。

国民的人気者になった龍馬は、日露戦争のころより海軍の祖として祭り上げられてゆく。天皇制国家建設のために一命を捧げた「勤王の志士」の代表格にもなり、政治に利用される。おりょうが語った龍馬の姿からは、どんどん乖離《かいり》してゆく。

たとえばおりょうは龍馬と共に霧島山に登り、「天の逆鉾」を抜き捨てたと回顧しているが、それは「勤王の志士」にはあるまじき不敬行為であった。愛国心を鼓舞するには、あまりにも役に立ちそうにないおりょうの回顧録は、やがて忘れ去られてしまう。

おりょうの復活

昭和二十年（一九四五）八月十五日、日本はポツダム宣言を受け入れてアメリカなどの連合国に降伏し、太平洋戦争は終結した。それは新しい法のもとで男女同権が認められた、「女性解放元年」とされる。

戦後、龍馬像に新たなる生命を吹き込んだのは、言うまでもなく司馬遼太郎の長編小説『竜馬がゆく』だった。昭和三十七年六月二十一日から同四十一年五月十九日まで『産経新聞』に連載され、文藝春秋社から単行本五冊、文庫本八冊で出版されて、広く読まれる。そこで描かれたのは『汗血千里駒』の遺伝子を受け継ぐ、自由と平等を求める竜馬（龍馬ではない）であった。司馬は、次のように竜馬を評す。

「明治風の言葉でいえば、中岡は国権主義者であり、竜馬は民主主義者であるといえるだろう。竜馬が維新史の奇蹟といわれるのは、この討幕以前にすでに共和制を夢み、自由民権思想を抱いていたということだろう」（文庫版七巻「海援隊」）

一方、おりょうもきっちり自己主張が出来る女性として、いきいきと描かれた。それは戦後の新しい女性像と重なるようでもあり、あるいは回顧録の中のおりょうにも通じるものがあった。たとえば恋い焦がれるあまり、おりょうが初めて竜馬の寝所に押しかける場面がある。

「いざとなれば、おりょうは体の中にばねができて、自分でもおどろくほど行動力に富んだ娘になる。

(娘のほうから、男の寝室に行っていいものだろうか)

などという反省はなくなってしまう」(文庫版五巻「変転」)

こうして竜馬に抱かれるおりょうは、やかましく貞操が言われる時代ならば、とんでもない不道徳な女性として白眼視されたであろう。そして、これが以後のおりょう像のスタンダードになってゆく。

政府が主導した明治百年の昭和四十三年に『竜馬がゆく』はNHK大河ドラマにもなり、毎週日曜夜、一年間かけて放映された。竜馬には北大路欣也、おりょうには浅丘ルリ子が扮している。

映画の中のおりょう

戦後、小説や映画・ドラマ・舞台演劇で描かれたおりょう像の大半は『竜馬がゆく』が

◉「幕末【東宝DVD名作セレクション】」DVD発売中
￥2,500＋税
発売・販売元：東宝

原点と言っていいだろう。ただし、いくつかの例外もある。

映画『幕末』（昭和四十五年）は「原案司馬遼太郎」とクレジットされ、龍馬に中村錦之介（萬屋錦之助）、お良（おりょう）に時代劇映画初出演という吉永小百合が扮している。吉永のキャラクターが重視されたのか、お良は日頃はしおらしい女性だ。しかし、いざ龍馬に危機が迫ると機敏に動き、一命を救う。監督は戦前からの時代劇の名匠伊藤大輔で、「かわいいお良を描きたい」と述べている（劇場用プログラム）。結婚後のお良の眉《まゆ》を落とし、御歯黒《おはぐろ》を塗らせるという、伊藤のこだわりもさすがである。

映画では他に『幕末青春グラフィティＲｏｎ：ｉｎ坂本竜馬』（昭和六十一年）で原田美枝子、『竜馬を斬った男』（昭和六十二年）で久仁富子、『ゴルフ夜明け前』（同前）で高橋恵子、『竜馬の妻とその夫と愛人』（平成十四年）で鈴木京香などがおりょうを演じた。

山下耕作監督『竜馬を斬った男』は、寺田屋で襲撃された竜馬（根津甚八）が斬り合いをせず、全裸のおりょうを立たせ、捕吏が驚いている隙に悠々と逃げるのが印象的。『竜馬の妻とその夫と愛人』は、三谷幸喜の舞台劇を市川準監督が映画化した。明治十三年（一八八〇）、横須賀のおんぼろ長屋で暮らすおりょうとその周囲の人々をコミカルに描く。特に龍馬に憧れるあまり、身なりや口調まで真似しておりょうに近づく虎蔵（江口洋介）のキャラクターは、ブラックユーモアに溢れており面白い。

テレビドラマの中のおりょう

テレビドラマでは先述の『竜馬がゆく』で浅丘ルリ子が演じたおりょうが有名だが、残念ながら同作品はほとんどビデオが現存していない。

おりょうを描いたドラマで特筆すべきは昭和五十四年（一九七九）十一月九日に放映された、朝日放送の一時間枠単発ドラマ『葉陰の露』であろう。船山馨の原作を野上龍雄が脚本化し、大能邦也が演出した。

物語の舞台は明治二十三年（一八九〇）の横須賀。龍馬を「百年に一度の大天才」と尊敬してやまない市井の下級役人西村松兵衛（緒形拳）が、念願叶って京都での二十三回忌に参列したものの、衝撃を受けて帰宅するところから始まる。なんと、龍馬の未亡人の席に招かれていたのは、かれが十年間連れ添って来た現在の妻ツル（岸惠子）だった。以後、劣等感から卑屈になってしまう男と、過去を断ち切り、ささやかな幸福に生きようとする女の心情を、ふたりの名優が抑えた演技で見事に表現する。

心に深い傷を負う中年のツルことおりょうには、勝ち気な面影は一切無い。もちろん史実とはかけ離れているし、本編はわずか四十数分。セットも小規模で登場人物も少ないが、すぐれた短編小説を読んだような、深い味わいのある作品だった。第34回芸術祭大賞など、いくつかの賞も受けている。

日本テレビ系の二時間ドラマ枠で放映された『俺たちの明日』（昭和五十五年）は龍馬（中村雅俊）と中岡慎太郎（勝野洋）のコンビを主人公にした木下亮監督、小川英・柏原寛司オリジナル脚本による幕末時代劇。マドンナのおりょう（森下愛子）はひたすら元気で、可愛い。入浴中、危機を察したおりょうが全裸で階段を駆け登って龍馬に知らせる、サービスカットもある。それから龍馬とおりょう、なぜか中岡まで加わって薩摩を旅するシーンは、当時流行していた青春ドラマそのものだ。いまは亡き石原裕次郎（勝海舟役）や沖雅也（沖田総司役）も、出番は少ないが出演している。

テレビ東京の新春十二時間ドラマ『竜馬がゆく』（昭和五十七年）では大谷直子が演じ

ており、先に見た竜馬（萬屋錦之助）の寝所におりょうが押しかけるシーンなど、わりと原作に忠実に描く。

以後『幕末青春グラフィティ　坂本竜馬』（昭和五十七年）で夏目雅子、『影の軍団　幕末編』（昭和六十年）で浅野ゆう子、『坂本龍馬』（平成元年）で名取裕子、『翔ぶが如く』（平成二年）で洞口依子、『竜馬がゆく』（平成九年）で沢口靖子、『竜馬がゆく』（平成十六年）で内山理名、『新選組！』（平成十六年）で麻生久美子、『篤姫』（平成二十年）で市川実日子、『龍馬伝』（平成二十二年）で真木よう子、『西郷どん』（平成三十年）で水川あさみが、おりょうを演じている。

いずれも時に龍馬を困らせる程の男勝りのキャラクターであり、そうしたおりょう像がすっかり定着したことが窺える。この点、近年は食傷気味。願わくば、令和という新時代が求める女性像を体現したような、斬新なおりょうが登場することを願ってやまない。

特別収録二　おりょうあて龍馬書簡

一通だけ残った手紙

龍馬は筆まめな人で、百三十九通の書簡が宮地佐一郎『龍馬の手紙』（平成十五年）に収められている。他にも若干の未収書簡が存在するから、その数は少なくとも百五十通近いであろう。そして全体の八割ほどが、慶応の三年間（一八六五〜六七）足らずの間に書かれたものであり、晩年のこの時期が龍馬の生涯の中で、最も充実していたことがうかがえる。

東奔西走する龍馬が、各地からおりょうに手紙を書き送ったことは想像に難くない。しかし、おりょうあては現在、ここに紹介する慶応三年五月二十八日付の一通が確認されているのみである。

龍馬没後、おりょうは土佐に移り住んだ。のち諸事情から明治元年（一八六八）、土佐を去るにあたり、「人に見せたくない」との理由により龍馬の手紙すべてを焼き捨てたという（一五九頁参照）。だが、この一通だけは龍馬が暗殺された京都河原町の近江屋井口家に伝わった。いつの時か、おりょうが龍馬の形見として井口家に贈ったのではないかと推測され、現在は同家より京都国立博物館に寄贈されている。

当時、龍馬は長崎、おりょうは下関におり、手紙の主な内容は「いろは丸沈没」をめぐる紀州藩相手の談判にかんするものである。

手紙の全文

次に『龍馬の手紙』より全文引用し、その内容を見てゆきたい。なお原則として平仮名、カタカナ、変体仮名は平仮名で統一した。ただしルビは、出来るだけ原書簡に忠実な形で残した。

「其後は定て御きづかい察入候。しかれば先ごろうち、たび〳〵紀州の奉行《ブキヨウ》、又船将《センシヨウ》などに引合いたし候所、なにぶん女のいゝぬけのよふなことにて、度々論《ロン》じ候所、此頃は病気なりとて、あわぬよふなりており候得ども、後藤庄（象）次郎と両人にて紀州の奉行へ出かけ、十分にやりつけ候より、段々義（議）論がはじまり、昨夜今井・中島・小田小太郎など参り、やかましくやり付け候て、夜九ツすぎにかえり申し候。昨日の朝は私しが紀州の船将に出合（会）、十分論じ、又後藤庄次郎が紀州の奉行に行、やかましくやり付しにより、もふ〱紀州も今朝はたまらんことになり候ものと相見へ、薩州《サッシウ》へたのみに行て、どふでもしてことわりをしてくれよとのことのよし。薩州よりわ彼イロハ丸の船代、又その荷物《ニモツ》の代お拂候得ば、ゆるして御つかはし被成度と申候間、私よりはそはわ大《(ママ)》でよろしけれども、土佐の士《サムライ》お鞆の港《ミナト》にすておきて長崎へ出候ことは中〱すみ不申、このことは紀州より主人土佐守へ御あいさつかわされたしなど申ており候。此ことわまたうちこわれてひといくさ致候ても、後藤庄次郎とともにやり、つまりは土佐の軍艦《グンカン》もつてやり付候あいだ、けして〱御安心被成度候。先は早々かしこ。

五月廿八日夕　龍

鞆　殿

猶、先頃土佐蒸《ジョウ》気《キ》船《セン》夕顔《ユウガヲ》と云船が大坂より参り候て、其ついでに御隠居《よふどふさま》《土佐御いんきょ》様より後藤庄次郎こと早々上京致し候よふとの事、私しも上京してくれよと、庄次郎申おり候ゆへ、此紀州の船の論がかた付候得ば、私しも上京仕候。此度の上京は誠にたのしみにて候。しかし右よふのことゆへ下の関へよることができぬかもしれず候。京には三十日もおり候時は、すぐ長崎へ庄次郎もともにかへり候間、其時はかならず〳〵関に鳥渡なりともかへり申候。御まち被成度候。
○おかしき咄しあり、お竹に御申、直次事は此頃黒沢直次郎と申おり候。今日紀州船《セン》将《シヨウ》高柳楠之助方へ私より手がみおや候所、とりつぎが申には、高柳わきのふよりるすなれば、夕方参るべしとのことなりしより、そこで直次郎おゝきにはらおたてゆうよふ、此直次郎昨夜九ツ時頃、此所にまいりしに、其時高柳先生はおいでなされ候。夫おきのふよりるすとは此直次郎きすてならずと申ければ、とふ〳〵紀州の奉行が私しまで手紙おおこして、直次郎にはことわりいたし候よし。おかしきことに候。かしこ〳〵。
此度小曾清三郎が曾根拙《セツ》蔵と名おかへて参り候。定めて九三の内にとまり候はんなれども、まづ〳〵しらぬ人となされ候よふ、九三にも家内にもお竹にも、しらぬ人としておくがよろしく候。後藤庄次郎がさしたて候。かしこ〳〵」

紀州藩相手の談判

慶応三年四月二十三日深夜、瀬戸内海、讃州箱ノ崎の沖で、長崎を目指す紀州藩船「明光丸（八八〇トン）」が、長崎から上方をめざす「いろは丸（一六〇トン）」に衝突した。これにより沈没したいろは丸は、龍馬ら海援隊が大洲藩から一航海十五日、五百両でチャーターした蒸気船である。

事故責任をめぐる談判は鞆《とも》ノ浦（現在の広島県福山市）で始まった。龍馬はいろは丸は武器、小銃を積んでいたと主張し、金子一万両を貸すよう紀州藩に求める。もっとも、現在に至るまでその裏付けとなる物証は出ておらず、龍馬のハッタリだった可能性も否定出来ない。

つづいて談判は、長崎に場を移す。途中、龍馬は下関に立ち寄り、本陣伊藤九三（助太夫）邸に預けていたおりょうに会った。徳川御三家のひとつである紀州藩相手の戦いである。龍馬は死を決意しており、友人の長府藩士三吉慎蔵に、万一の場合はおりょうを土佐へ送り帰して欲しい、土佐からの迎えが来るまで、おりょうを預かって欲しいなどと手紙で依頼している。

長崎では土佐藩重役の後藤象二郎も加わって、ますます紀州藩を追い詰める。紀州藩全権で勘定奉行の茂田一次郎は五月二十七日、薩摩藩の五代才介（友厚）に問題収拾を依頼した。そのあたりまでが、龍馬の手紙の前半に書かれている。結局、五代は八万三千両以上の賠償金を提示して、紀州藩もこれに同意した。十二月になり、七万両が海援隊に支払われている。宛て名の「鞆」は、龍馬がおりょうに付けた愛称だった。追伸で、談判が片付けば後藤象二郎とともに土佐藩船夕顔で上方に赴くとの予定を知らせ、帰路には必ず下関（関）に立ち寄るなどと、優しい言葉を添える。

龍馬は小銃一千二百挺を芸州艦震天丸に積み込み、長崎から土佐へ運ぶが、途中、九月二十日、下関に立ち寄った。これが、おりょうとの今生の別れとなる。その時の龍馬のことは、おりょうの回顧談の中でも述べられている（二二一頁参照）。二十二日、下関を発った龍馬は土佐を経て、京都に向かった。

政治活動を妻に知らせる

「幕末の志士」が妻や恋人にあてた手紙は少なからず残っているが、その内容は大きく二つに分けられよう。

ひとつは、自身がかかわる政治運動について報告するタイプ。いまひとつは、そのようなことはほとんど知らせないタイプである。

幕末長州藩で活躍した高杉晋作などは後者で、数通の妻マサあての手紙が現存するが（拙著『高杉晋作史料・二』平成十四年）、どんなに危機が迫っていても政治向きの話題はほとんど書かない。死ぬかもしれない、両親に尽くせ、家を守れ、自分が死んだら供養をせよといった注文はいろいろと出すが、一体何が起こっているのかは知らせない。晋作にとって妻の役割とは家を守ることであり、男の世界を見せるものではなかったようである。

その点、龍馬は対照的だった。この手紙を読む限り、時に自分の政治活動をおりょうに知らせていたようだ。おりょうを、ひとりの同志と見ていたのかも知れない。

いろは丸沈没の賠償問題で、紀州藩を追い詰めてゆく様子が生々しくつづられている。紀州藩側がいかにぶざまであるかを、龍馬は調子に乗って得意げに述べている。

下関でおりょうと別れた龍馬は、この年十一月十五日、京都で暗殺された。事件直後、犯人は龍馬に恨みを抱く紀州藩であるとの噂が立つ。

実際は違うのだが、おりょうは紀州藩を長年にわたり、疑っていたふしがある。

そのため、おりょうは回顧録の中でも紀州出身の海援隊士である陸奥宗光（陽之助）に対し、嫌悪感を隠さない。その一因は龍馬から、このような手紙で情報を得ていたからかも知れない。

おわりに

近ごろわが国では老いた常識からはみ出そうとして、もがき苦しむ、反骨精神旺盛な不良を見る機会がめっきり減ってしまった。それが寂しくて仕方ない。あるいはそら恐ろしさすら感じるのは、果たして私だけだろうか。

老いも若きも関係なく、妬《ねた》みや猜《そね》み、弱者に対する陰湿ないじめ問題などは深刻化するばかりだが、半面、強者に対して牙を剥き、立ち向かおうとする不良は、ほとんど絶滅してしまったと言っていい。さらには政治がキナ臭い方に急転しても、格差が極端に広がっても、失業率が五パーセントを越えても、暴動や暗殺のひとつも起らないのは不思議と言えば不思議である。小学生や通行人相手の無差別テロ事件はたびたび起こるが、その矛先が権力者に向けられることは、まずない。暴力を勧めるわけではないが、見て見ぬふりをするのが善良な市民であり、一番お利口だと心得ているのだ。それは保守でも何でもなく、ただわが身可愛さの「保身」でしかない。日本人は、いつからこれほどまでに損得勘定だけが上手になってしまったのだろうか。

本書でおりょうが語る坂本龍馬からは、古き良き時代の不良の臭いがぷんぷんとする。仲間と変装して妓楼《ぎろう》に繰り出す。奉行所や新選組の捕吏に追いまわされる。船上で射撃の腕を競う。霧島で権威の象徴とも言うべき天《あま》の逆鉾《さかほこ》を引き抜く。

おりょうの方も、負けてはいない。妹が騙されて売られそうになるや、やくざ者相手に大ゲンカして取り戻す。男装して一人で怪しげな遊女屋をからかう。龍馬の実家へ行くが、案の定ケンカして飛び出す。強盗をピストルで追い払う。もと不良のお姉さまが、彼氏や自分の武勇伝を少々大袈裟に披瀝《ひれき》している観すらある。

後世に都合よく祭り上げられ、政治家先生に尊敬されたりもする英雄や偉人とは違う、等身大の龍馬とおりょうがここにはいる。いかがわしく、危険で魅力的な不良カップルだ。善とか悪とかではなく、時代に逆らうことでしか自分の位置を確かめられなかった、はみ出し者たちである。しかし、だからこそ変革のエネルギーになったのだと、おりょうの回顧談を繰り返し読みながらつくづく考えさせられた。

自分で考えることをせず、飼い慣らされてしまった若者たちが、もっと不良になって大空の下で暴れれば、ちょっとはましな日本になるのではないか。本書がその一助になることを祈りつつ、筆を措きたい。

最後になりましたが出版にあたり、特に朝日新聞出版の岩田一平さん・田島正夫さんにお世話になりました。記して感謝の意を捧げます。

平成二十一年九月

一坂太郎

新装版のためのあとがき

坂本龍馬の妻おりょうの回顧録を編集し、解説や注記を加えた拙著『わが夫　坂本龍馬』は平成二十一年（二〇〇九）十一月、朝日新書の一冊として朝日新聞出版から出版された。翌年一月から福山雅治主演のNHK大河ドラマ『龍馬伝』の放映が決まっており、龍馬関係の書籍が続々と出版され、書店の一角を占領していた。聞くところによると龍馬関連本はこの時期だけで、五百タイトルも出たという。明治以来の、空前の龍馬本ブームだったと言っていい。

当時はアメリカのリーマンショックが、世界じゅうを金融危機に陥れて一年余り。長引く不況から、ますます脱することが出来なくなり、日本の行く末も霧に包まれ、不安に満ちていた。だからこそ「英雄待望論」が強まり、「救世主」としての「龍馬」の再来が期待されたのだろう。特別な人物が颯爽と登場し、たちまち世の中をバラ色に変えてしまうといった危険な妄想が、日本じゅうに蔓延していた。

もっとも、おりょうが語る夫の龍馬は「救世主」ではない。時代に逆らう、誇り高きアウトサイダーである。都合の良い「救世主」など、現実社会に存在するわけがない。それが、私が一番伝えたかったことだった。

幸い本書は読者の支持をそれなりにいただき、五刷を重ねた。女優の富田靖子さんが本書を朗読しながら、ゆかりの地を旅するテレビ番組がつくられたり、タレントのビビる大木さんが、雑誌やテレビで紹介してくれたのも楽しい思い出である。数年前から品切れ状態が続いていたが、このたび青志社の阿蘇品蔵社長の目にとまり、新装版を出していただけることになった。これを機に朝日新書版にあったいくつかの誤植や誤記を修正し、新原稿を二本加えさせてもらった。

初版が出た十年前と比べると、日本社会の様子は随分と変わった。東日本大震災をはじめとする大規模な自然災害も、経験した。おかしいことを「おかしい」と言うことすら憚られるような不気味な同調圧力が、ますます強まっている。「救世主」を気取る政治家は不正が発覚しても責任をとらず、逃げ切るのが当たり前になってしまった。「ふざけるな」と言いたくなるが、そんな腐敗した連中を支持しているのが若者層という、理解し難い現象。「忖度《そんたく》」なんて言葉が自嘲ぎみに流行したのも、笑うに笑えない。「英雄待望論」も以前ほど聞かれなくなり、諦《あきら》めに近い閉塞感が日本列島をどんよりと覆っている。

だからこそ、「救世主」ではない龍馬・おりょう夫婦の鮮烈な生きざまが、十年前よりも間違いなく輝いて見える。もう一度本書を世に問う意味は、このあたりにある気がしてならない。

平成三十一年三月二十八日

一坂太郎

坂本龍馬略年譜

西暦	和暦	月日	数え年	龍馬事歴	主な出来事
1835	天保6年	11月15日	1歳	高知城下に生まれる	
1846	弘化3年	6月10日	12歳	母・サチ没	2月　孝明天皇践祚
				楠山塾に入門するが間もなく退塾	
1848	嘉永元年		14歳	日根野弁治道場で小栗流剣術を学ぶ	
1853	嘉永6年	3月	19歳	「小栗流和兵法事目録」(初伝)を伝授される	6月　ペリー浦賀に来航
				剣術修行のため15カ月の暇を得て江戸へ出立	7月　将軍家慶死す
				北辰一刀流・千葉定吉道場に入門	
		12月		佐久間象山に砲術を学ぶ	
1854	安政元年	11月	20歳	土佐大地震が起こり帰国	1月　ペリー再び浦賀に来航
				河田小龍に出会い啓発される	3月　アメリカと和親条約締結
1855	安政2年	12月	21歳	父・八平没	
1856	安政3年	8月	22歳	剣術修行のため再び千葉道場に入る	7月　アメリカ総領事ハリスが下田に来る
1857	安政4年	1月	23歳	江戸での修行期間が満期となるが1年延期	5月　下田条約調印
1858	安政5年	1月	24歳	「北辰一刀流長刀兵法目録」を受ける	6月　大老井伊直弼、日米修好通商条約に調印する
					8月　将軍家定死す
1859	安政6年	9月	25歳	徳弘孝蔵に入門し砲術を学ぶ	前年より安政の大獄、吉田松陰処刑
1860	万延元年	3月	26歳		3月　桜田門外の変
1861	文久元年	9月	27歳	武市半平太の土佐勤王党に加盟	8月　武市半平太、江戸で土佐勤王党結成
1862	文久2年	1月	28歳	武市の使者として萩城下に久坂玄瑞を訪ねる	1月　坂下門外の変
		3月		沢村惣之丞と共に脱藩	2月　和宮降嫁
		10月頃		勝海舟の門下生となる	4月　土佐勤王党那須信吾ら吉田東洋を暗殺

西暦	和暦	月	年齢	事項	一般事項
					寺田屋事変
					8月 生麦事件
1863	文久3年	2月	29歳	勝海舟の尽力により脱藩罪が赦免される	5月 長州藩、下関海峡を通過する米船を砲撃
		4月		順動丸で品川から大坂へ	7月 薩英戦争勃発
		10月		神戸の勝塾の塾頭となる	8月 八・一八の政変。天誅組挙兵
		12月		土佐藩よりの帰藩命令に応じず再び脱藩する	
1864	元治元年	2月	30歳	四国連合艦隊の長州攻撃調停に行く勝に随行して長崎に向かうが交渉は決裂	6月 池田屋事変起こる
				西郷隆盛や横井小楠らと出会う	7月 禁門の変
					8月 第一次長州征討始まる
					12月 高杉晋作挙兵
1865	慶応元年	3月	31歳	神戸海軍操練所廃止。このころ中岡慎太郎らと薩長和解を画策。	高知で政変が起き武市半平太が切腹、その他関係者が斬罪、永牢に処せられる
		5月		鹿児島で西郷隆盛の依頼を受け長州藩へ赴く。途中大宰府に三条実美を訪ね薩長連合を説く	
				長崎で亀山社中が設立される	
		6月		京都で西郷と面会し、長州藩のため艦船・銃器購入の名義貸しを要請	
		8月		英国商人グラバーから小銃買い付けに成功、薩摩藩名義で下関に運ぶ。ユニオン号購入も成立	
1866	慶応2年	1月	32歳	京都で薩長同盟成立	
				長崎で近藤長次郎自刃	
				伏見の寺田屋で幕吏に襲われるが無事脱出	
				おりょうを伴って薩摩を旅行	
		5月		ワイルウェフ号遭難、池内蔵太ら12名を失う	

西暦	和暦	月日	数え年	龍馬事歴	主な出来事
		6月		下関で桂小五郎に面会。西郷から返送の米を亀山社中に貰い受ける 高杉晋作の指揮下で長州再征軍を撃退	6月　第二次長州征討開戦
		7月		経営困難のため亀山社中を一旦解散する決意をする	12月　徳川慶喜15代将軍となる 同月　孝明天皇崩御
1867	慶応3年	1月	33歳	長崎で土佐藩参政後藤象二郎と会見（2月とも）	
		4月		脱藩罪が赦免され土佐海援隊長に任命される 亀山社中を海援隊に改変し海援隊長に就く いろは丸事件起きる	
		6月		後藤象二郎らと長崎を出帆 7月の英軍艦イカルスの水夫殺害事件、9月の土佐藩士による英米人殺傷事件の処理で活躍	5月　薩土密約成立
		9月		オランダ商人より銃1300挺を購入、そのうち1000挺を土佐藩に売却する 6年ぶりに坂本家に帰り家族や同志と歓談	10月　山内容堂の意を受けた後藤象二郎と福岡孝弟が大政奉還の建白書を提出。慶喜は大政奉還の決意を表明
		11月15日		京都近江屋で中岡慎太郎といるところを刺客に襲われ闘死する（墓碑銘は16日）	12月　王政復古の大号令下る

◉カバー写真について　おりょうの写真は明治三十七年（一九〇四）十二月十五日の『東京二六新聞』に掲載された晩年のもの（一九四頁参照）が唯一とされてきた。ところが昭和五十年代半ばから、近江屋井口家所蔵の写真帖に収められていた艶やかな女性の立ち姿の写真が、若き日のおりょうとして書籍などで紹介されるようになる。また近年では、本書カバーに使用させて頂いた同じ人物の別のポーズの写真も見つかっている。いずれも浅草大代地の内田九一のスタジオで撮影されたものだが、服装、髪型などの点から、否定的に見る向きも少なくない。平成二十年（二〇〇八）に高知県立坂本龍馬記念館が警察法科学警察研究所に鑑定を依頼したところ、晩年の写真と重ねるスーパーインポーズ法により「同一人物の可能性がある」との結果が出たが、手法そのものを疑問視する意見もあり、依然おりょうの写真との断定は出来そうにない。

一坂太郎
いちさか・たろう

昭和41年（1966）兵庫県芦屋市に生まれる。大正大学文学部史学科卒業。現在、萩博物館特別学芸員・防府天満宮歴史館顧問などを務める。
最近の主な著書に『久坂玄瑞』（ミネルヴァ書房）、『語り継がれた西郷どん』（朝日新書）、『フカサクを観よ』『吉田松陰190歳』（青志社）、『明治維新とは何だったのか』（創元社）、『昭和史跡散歩東京篇』（イースト新書）、『吉田松陰とその家族』『幕末維新の城』（中公新書）、『司馬遼太郎が描かなかった幕末』（集英社新書）などがある。また『高杉晋作史料』『吉田年麻呂史料』『久坂玄瑞史料』『久保松太郎日記』（いずれもマツノ書店）などの史料集を編纂。『英雄たちの選択』などテレビ出演、講演も多い。

わが夫　坂本龍馬　おりょう聞書き

二〇一九年四月二十五日　第一刷発行

著者――――一坂太郎
編集人・発行人――阿蘇品 蔵
発行所――――株式会社青志社
〒一〇七-〇〇五二　東京都港区赤坂六-二-十四　レオ赤坂ビル四階
（編集・営業）
TEL：〇三-五五七四-八五一一　FAX：〇三-五五七四-八五一二
http://www.seishisha.co.jp/

印刷　製本――――株式会社太洋社

ISBN 978-4-86590-081-1 C0095

◉この作品は二〇〇九年十一月、朝日新聞出版より刊行された書籍を新装増補したものです。